智元微库
OPEN MIND

成 长 也 是 一 种 美 好

即兴演讲

掌控人生关键时刻

Impromptu

Leading in the Moment

〔加〕朱迪思·汉弗莱（Judith Humphrey） 著

垧清 王克平 译

人民邮电出版社

北京

图书在版编目（ＣＩＰ）数据

即兴演讲 ： 掌控人生关键时刻 ／ （加）朱迪思·汉
弗莱（Judith Humphrey）著 ； 坰清，王克平译. -- 北
京 ： 人民邮电出版社，2022.3
ISBN 978-7-115-58425-0

Ⅰ. ①即… Ⅱ. ①朱… ②坰… ③王… Ⅲ. ①演讲－
语言艺术－通俗读物 Ⅳ. ①H019-49

中国版本图书馆CIP数据核字(2021)第280487号

◆ 著 ［加］朱迪思·汉弗莱（Judith Humphrey）
　　译 坰 清 王克平
责任编辑 王铎霖
责任印制 周昇亮
◆人民邮电出版社出版发行　　北京市丰台区成寿寺路 11 号
邮编 100164 电子邮件 315@ptpress.com.cn
网址 https://www.ptpress.com.cn
三河市中晟雅豪印务有限公司印刷
◆开本：880×1230 1/32
印张：9　　　　　　　　2022 年 3 月第 1 版
字数：200 千字　　　　　　2025 年 9 月河北第 15 次印刷
著作权合同登记号 图字：01-2018-2246 号

定 价：59.80 元
读者服务热线：（010）67630125 印装质量热线：（010）81055316
反盗版热线：（010）81055315

即兴演讲不是张口就说

我爸爸是个不爱跟人打交道的数学教授，连他们学校的校长都不认识。我想原因可能是他上中学时的一次公开演讲。因为学习成绩好，我爸爸被指定为学生代表在全校大会上发言。他虽然做了充分的准备，但因为太紧张，在说完"老师们、同学们，大家好"之后，大脑就一片空白了。我爸爸说他后来是被校长抱下台的。这个故事成了我童年时的噩梦，我总觉得爸爸的不善言辞一定会遗传给我。所以直到今天，我对于时间不长的即席讲话还是有点胆怯，而且一直没有临场发挥特别精彩的案例。

孔子倡导刚毅木讷，认为一个人如果太能说，难免添油加醋，背离事物的本真。所以我们从小就不太在提升表达能力上下功夫。即便是现在学校里很鼓励学生做公众表达，可想提升自己、找到关于如何有效表达的理论研究也不容易。在文和质的比较中，我们普遍还是重质不重文。这本无可厚非，但世界的传播方式正在发生着巨大变化。每个人都可以成为视频、音频的主角，一小段精彩的表达所产生的传播力，很有可能不逊于过去的一篇论文或者精心制作的电视片。而且我们的日常生活、社群社交都被暴露在移动互联网的媒体之下，这等于把一种传播学的超能力赋予了每一个普通人。可惜只有一小部分人意识到了这一点，他们利用超强的表达能力成为意见领袖，传播自己的观点和生活方式。

后来在我参加辩论赛、讲课、主持节目、做读书会的过程中，我发现演讲能力似乎和遗传关系不大，而是纯粹来自刻意练习。现在我差不多每周要进行一场千人演讲，我在练习一种被称作"正念演讲"的方法：就是完全不做准备，上台后保持平静的呼吸，有觉知地说出每一句话；而且要言之有物，逻辑顺畅。目前我的状态时灵时不灵。有时候确实很美好，能感觉到观众和我的演讲一起律动；有时候就发现在台上丧失了创造力，需要不断回忆上一次是怎么讲的。衡量的指标很简单，正念方式下的演讲不累，不在正念状态下会口干舌燥。所以我特别希望能够找到像解数学题一样的西式方法。如果即兴演讲有可以遵循的套路和定式，那不就简单多了吗？

我讲过一本书叫作《高效演讲》，书里内容基本上做到了这一点。坡道、发现、甜点三段论，能够帮我们快速地构建一个演讲。但是太简单，总用这一招，难免会无聊。而且即兴演讲和有准备的演讲还是有所不同的。我解决问题的办法就是找书，我相信总有一本书能够满足我当下的要求。是的，《即兴演讲》就是这样一本书。就算你不想成为意见领袖，你总想有正常的社交、获得大家的认可吧？而且，心理学的研究告诉我们，快乐来自良好的人际关系，即兴演讲能力可以让你在人际关系上轻松许多。

这本书告诉我们即兴演讲不是张口就来、口若悬河、滔滔不绝，而是有节奏、有计划地让听众接收到你的观点并产生行动动力的过程。每一个看似轻松的演讲者，其背后都有着方法论和刻意练习的支撑。樊登读书一直倡导人是可以通过学习改变的。这本书，会是又一个给你带来改变的利器。

樊　登

樊登读书创始人

把握时代的机会

还记得坰清来电话请我写序那天，北京正细雨蒙蒙，但她的一通电话打破了那天的阴郁氛围。她带着书籍成稿的兴奋邀我作序，我虽然不由得被她的这种心情感染，但还是拼命推托。我非名人，无助于书的推广；也非翻译者，甚至对英语一窍不通，无从肯定其作品；更何况是个口齿笨拙之人，大庭广众之下说话就会脸红出汗，如何能为一本即兴演讲工具书写序！我若不答应，她是不干的。最终有一条说服了我，那就是我对她是了解的，我应该写这个序。

坰清供职于联合国驻华机构十多年，常年游走于中西文化之间。回想起来，要感谢当年联合国多边项目，让我们有幸认识，成为好战友、好伙伴、好朋友。多年来，我感佩她处理中西文化以及中西价值冲突的方式方法，赞赏她足智多谋，无论面对多么棘手的问题，她总是能想方设法找到利益双方的共同点，进而设定共同目标，实现共赢。她了解中国行事规则，熟谙西方文化价值。

我和坰清有个共同的爱好——读书。她认为，自己读了许多书得以成长，现在当思有所感恩回报。我想她是以一种虔诚的态度去翻译这部书的。尽管这部书并非学科理论经典，但却是人人可读、人人可受益的工具书、指导手册，因此她一定不敢有丝毫马虎，相反只会更充分发挥其遇事不苟的一贯精神。

通话之后，我在微信上即收到书稿，几乎是一口气就读完了。我感受最深的一点是，这部书就是为这个时代而作的。科技正在引发社会巨变：信息爆炸，万物互联，人们获取信息的方式正变得碎片化，注意力持续时间正在不断减少，讲话如何言简意赅、切中要害显得尤为重要；科技更带来组织大变革，组织结构、组织内部沟通方式和组织领导方式都在发生深刻变化，在如今的工作场所，人们有更多的时间和空间施展即兴演讲才能，也因此，掌握即兴演讲技巧比任何时候都更加迫切，因为它意味着你是否能够抓住稍纵即逝的机会。这部书给予我们的就是抓住机会的能力。

读着书稿，我想到一个人——古罗马著名的演说家西赛罗。他认为教育的最终目的是培养有文化修养的雄辩家，而训练的方法是实地练习。前一句话有点夸大但仍不失道理，后一句话却一点不虚，其本人经历便是最好的注解。据说西赛罗口吃，靠的是口含小石子艰苦训练去纠正。借用西赛罗的例子，这部书提供了丰富的足以用于不同场合的"小石子"，愿读者朋友善用这些"小石子"。

最后，我想用孔子著名的一句话作结：学而时习之，不亦说（悦）

乎？悦，不仅在于"学""习"，更在于"习"有所得，进而展示你的即兴演讲才能，抓住机会。愿读者诸君常"悦"。

郑东亮

中国劳动和社会保障科学研究院党委书记、副院长

译者序

我出生的时候，父母被下放农村。父亲喜欢读书，而在那段时间里他几乎无书可读。这段漫长时光是父母此生最难抹去的记忆。父母为在那时出生的姐姐和我分别取了"垌洁"和"垌清"的名字，他们想纪念那个小村庄，更想用"冰清玉洁"明志，以表明自己的清白。

我4岁时，父母带着我们三个孩子回到了城市。农村劳作的时光虽已远去，但烙印犹在。父母总是意味深长地教导我们，要"敏于行而慎于言"，甚至要"讷于言"，要"大智若愚"，这些教诲深深印刻在我的生命里，以至于整个大学期间甚至包括后来的研究生阶段，我讲话时都惜字如金。

2002年我打算去读博士，结果还没参加考试就阴差阳错、一脚踏入了联合国驻华机构的大门，从此和不同肤色的同事在一起工作。那个时候，我最强烈的感受是中西文化、中西价值观念的冲突，此外，周围同事，尤其是欧美专家讲话时的热情、从容、自信，以及他们似乎与生俱来的感染力，都让我自愧不如。内心深处源于父母的价值观开始遭受空前挑战。

一方面，联合国平等、开放、包容、多元的价值理念深深吸引着我、塑造着我；另一方面，年轻的我更被迫从"讷于言"走向了"敏于言"。也正是从那个时候开始，对中国以外更广泛世界的强烈好奇心，促使我开始利用一切时间读英文原著、原刊，视角从国内转向了国际。

接到这本书的英文原稿时我正准备休年假，打开书却即刻被它的内容吸引，作者生动、细腻、优美的语言以及简洁清晰的结构，使得无论从哪个角度看，这本书都堪称佳作。我花了几天时间通览全书，内心产生一种相见恨晚的深刻感触，如果早点遇到该有多好，它会帮我更自信地和合作伙伴对话、更自如地面对媒体、更有魅力地开展培训、更自在地在大小场合做公众讲话……帮我更好地把握生命中的每个重要时刻。

这本书非常实用，只要你愿意提高，它就是非常好的工具。

我还记得翻译到"领导者讲话脚本模板"时的兴奋，那几天海南天天大雾，窗外椰子树朦朦胧胧。我裹着毯子坐在窗边的书桌旁，翻完那一篇，我感觉就像找到了一座宝藏，迫不及待拿起电话打给友人（她经常需要做各种讲话）。我一字一句地念给她一个好的演讲应该具备什么样的要点，她说"再念一些，书里还说了什么"……之后我们就这本书聊了很久。

这本书的翻译工作陪伴了我和家人的整个假期，飞机上、酒店里、大海边，每个薄雾弥漫的黎明、每个万籁俱寂的夜晚。翻译一本书需要精心玩味和打磨，而一本好书值得拥有高品质的中译本。

感谢智元微库慧眼引入了这本书，让国内读者有机会接触并提高自己的综合实力；更感谢缪永合老师及其团队对我的信任和对我率直性格的包容，翻译过程中我们每一次的意见交换，都给了我重新审视、思考并提高的机会。生命中最美的遇见是成就彼此的成长，感谢与你们的遇见。

期待读者和我一样受益于这本书。

坰　清

2018 年 4 月

中文版序

得知《即兴演讲》中文版能够与广大中国读者见面，我内心感到由衷的喜悦。在此真诚地感谢人民邮电出版社将这本书翻译出版。

还记得，当时我想写这本书是受到一个现象的启发，即：全世界越来越多的人需要即兴讲话。身处快速变化的时代，事事时时在变，我们在很多场合发表讲话之前，根本来不及准备脚本或演示文稿。而且，我们每天都会与单位主管、同事、商业伙伴、家人和朋友即兴沟通交流。这要求我们快速、清晰地思考和表达；善用每一句话去激励、鼓舞他人，从而构建更好的人际关系、实现商业成功。

大厅看到一位同事，电梯里偶遇老板或和客户吃午餐，你打算说些什么？在商务会议上，你如何以观点清晰、论据有力且尊重亲和的方式发言？如何与家人沟通，你才能改变他们的生活？简言之，在广泛的即兴沟通领域，你如何更好地发挥影响力？

我们大多数人从未专门学习过即兴沟通，在即兴发表观点时充满"随机性"，结果有时候我们对自己讲的话感到满意；而有时候，可能因为注意力不集中，我们会闹笑话或冒犯他人。在每句话都可能影响声誉和美名的时代，我们承受不起因讲错话而带来的不利影响。因此，我们需要一套系统的"规则"，像领导者一样精准地讲话，而本书为此提供帮助和指导。

你将看到在所有即兴情境中，如何吸引并正确影响他人；你将知道如何一开口便充满自信、逻辑清晰；而你也将学会，如何构建最佳语言和非语言沟通技巧，让你在生活和工作中表现得更好。

我们需要共同了解即兴新时代背景；然后共同探索如何倾听、如何保持真实、如何显示尊重以及如何突出重点；接着学习如何在"当下"快速组织思路并用最简单、清晰、协作的语言明晰地表达观点；最后，还可以掌握中国文化所看重的非语言技能，即如何把握语气语调、讲话节奏及肢体语言等。

总之，本书的目标是帮助读者使用沟通技巧来引领、激励、构建人际关系和商业关系。我很高兴有机会向中国读者提供这些技巧。

这本书的创作和我作为汉弗莱集团创始人息息相关。汉弗莱集团是位于加拿大多伦多的一家国际性公司，致力于提高领导者演讲能力，其所培训的领导者几十年来已经遍布包括中国在内的世界各地。

感谢您的关注，祝您阅读愉快。

朱迪思·汉弗莱

加拿大多伦多

开场白
本书的灵魂

每本书，无论是自传、小说、商业书籍，还是非专业读物，无一例外来自作者内心深处。有些书探索得更深入一些，甚至比我之前出版的两本书《像领导者一样讲话》（*Speaking as a Leader*）和《走上舞台：女性如何在讲话中脱颖而出并最终成功》（*Taking the Stage: How Women Can Speak Up Stand Out and Succeed*）还要深刻，比如你此刻手中的这本书。这本书源于我的个人经历。

那是七年级的时候，我们老师认为 12 岁的孩子应该开始培养即兴演讲能力。有一天，我被老师点名，于是我有生以来第一次被要求即兴发言。我径直走到全班同学的前面，竟然没有一点害怕的感觉。老师给我出的题目是"男生"，我还清楚地记得当听到这个题目时，一开始心里的那一阵阵慌乱。当然，作为一名害羞的青春期小女生，我对男生有很多看法，但谁愿意公开谈论这样的私人话题啊！更何况，我在一个非常传统的家庭长大，父母甚至都不允许我们观看"猫王"埃尔维斯·普雷斯利的电视节目，更别提什么谈论异性了，谈论男生对我来说属于禁区。结果那天在全班同学面前，我莫名其妙地说出了第一句："我来自一个没有男孩、却有五个女孩的家庭，我不知道为什么老师要让我谈论这个话题……"之后到底还讲了什么，我现在已经记不清了，只记得，当时在众目睽睽之下，我内心的那种不安和惶恐。

正是这段小插曲塑造了我后来的职业生涯和生活的轨迹。那次令人尴尬的经历后，我拿起了小提琴，只要有机会我就上舞台表演，潜心学习如何克服紧张情绪。后来在印第安纳大学（Indiana University）音乐学院（世界顶级音乐学院之一）学习时，我与室内乐团和管弦乐队合作演出。之后，我到纽约州罗切斯特大学（University of Rochester）读研究生，并转学了文学专业，然后在多伦多成为一名大学讲师，经常面对几百名学生讲课。再后来（作为演讲稿撰稿人几年后），我成立了汉弗莱集团（The Humphrey Group），帮助其他领导者克服心理恐惧、成为成功的沟通者。

站在舞台上演奏小提琴并非易事，而后来我在各种场合自信地进行权威性的演讲同样历经各种挑战。在上大学的时候，我强迫自己每堂课至少发言一次；成为大学讲师后，我常常备课到最后一分钟才走进教室；作为企业家，我可以控制自己内心的恐惧，冷静地给 CEO（首席执行官）打电话，向其他公司介绍我们的业务，或者针对公司高层管理人员开展培训。

在即兴时刻控制好内心的恐惧，从不安中走出来，这背后是为履行好不同角色而付出的各种努力。我发现，在生活中所有需要即兴发挥的时刻，我们所需的准则是一致的。这本书及其核心观点"你需要做好准备以自然应对"来自我多年的经验。为在各种即兴时刻取得成功，无论是小提琴演奏、在大学讲课，还是作为企业家向潜在客户推销产品，或是向家人和朋友致意，甚至是求婚的时刻，我挥洒过很多的汗水，经历了多年不懈的努力，终于在任何即兴时刻，我都能更加放松和自信。

生活中的大多数言谈都属于"即兴交流"的范畴，包括帮助我们走向成功、实现彼此沟通、进行薪资谈判或者和同事、朋友构建关系等所有场合用到的所有语言。我知道这些交流对我来说有多么重要，我也确信本书将带给读者同样的感受。这本书将带给读者信心和技能，最终帮助读者成为一名卓越的即兴发言人，同时推动读者不断向着自己的职业目标及人生愿景前进。而"临时抱佛脚"或"跟着感觉走"会让我们错失这些关键时刻。

本书将从更宽广的视角阐明，训练和准备是实现成功的即兴领导乃至成功人生的秘密。

目　录

引　　言　　001

第一部分
即兴新时代

第 1 章　即兴演讲的兴起　013
第 2 章　即兴交流的力量　026

第二部分
即兴思维

第 3 章　拥有当领导者的意愿　041
第 4 章　成为一名听众　053
第 5 章　保持真实　065
第 6 章　保持专注　076
第 7 章　保持尊重　082

第三部分
领导者讲话脚本

第 8 章　做好准备　093
第 9 章　了解听众　101
第 10 章　领导者讲话脚本模板　109
第 11 章　突出要点　116

第 12 章 提出令人信服的案例   124

第 13 章 开始与结束   133

第四部分

各种场合的即兴演讲脚本

第 14 章 会议脚本   141

第 15 章 求职面试、社交活动、

电梯对话脚本   151

第 16 章 阐述重点   163

第 17 章 敬酒词和致敬词脚本   169

第 18 章 即兴讲话脚本   177

第 19 章 问答脚本   185

第五部分

即兴舞台

第 20 章 即兴讲话排练   199

第 21 章 选择语言   209

第 22 章 使用即兴技巧   218

第 23 章 发现你的声音   226

第 24 章 掌握肢体语言   235

结　语 别害怕，准备好   245

注　释   251

致　谢   261

引言

当场发言是必要的，不管是致辞、法庭申辩，还是参加私人聚会……那些受人尊重、能够即兴演讲的人，仿佛拥有神祇的智慧。

——阿尔基达玛[1]，公元前 4 世纪

2017 年，在盛大的奥斯卡颁奖典礼上，电影制作人乔丹·霍洛维茨（Jordan Horowitz）为观众呈现了一次卓越的表演，堪称即兴发言的典范。他制作的《爱乐之城》（*La La Land*）荣获最佳影片奖，当时他刚刚接过奖杯，忽然舞台上出现了一阵骚乱，普华永道[2]的人告诉他，真正获奖的电影应该是《月光男孩》（*Moonlight*）。遇到这种情况，换了别人大概会不知所措、一时语噎或气急败坏，但霍洛维茨接过话筒，坦然宣布："我们发现了一个错误，《月光男孩》剧组，是你们获得了最佳影片奖。这可不是什么玩笑话！"然后，他举起手中的奥斯卡小金人说："现在我要非常骄傲地把这个奖杯交给来自《月光男孩》

的朋友们！"[3]

霍洛维茨的发言简短，却精彩十足，受到了媒体广泛的好评。媒体纷纷赞扬他在宣布真正的获奖者以及在交接奖杯时表现出的慷慨和大气。后来他解释说："这不是关于我如何，重要的是应当确保《月光男孩》获得本该属于它的赞誉。"[4]

我希望，读者在读完本书后也会有能力应对即兴时刻，也能够像乔丹·霍洛维茨那样富有表现力。

"但是，"你可能会问，"即兴演讲难道不是人们不经思考就脱口而出的吗！""即兴"（impromptu）这个词的本义就是"即时、当下说的话"啊！婚礼敬酒在友好的一瞬间即可完成；求职面试需要临场发挥，直到坐在会场上脑子里才有了一些看法和见解。的确，这是每个人在这些时刻都有的自然反应。但据我们所知，如果跟着感觉走"即兴"发挥的话，结果往往不尽如人意。在这方面，没有人比英国石油公司（BP）的CEO唐熙华（Tony Hayward）认识得更深刻了。大家一定还记得墨西哥湾的石油钻井平台爆炸事件，事后唐熙华曾和记者说"希望回到过去的时光"。他的话让整个世界哗然，那次爆炸夺去了11个人的生命，唐熙华的言论遭到媒体的猛烈抨击，大家认为他的话令人作呕。为此，他也付出了代价，不得不从令人瞩目的高级职位离任。[5]

仔细观察就会发现，一些高调的领导者会在即兴时刻跟着感觉走，结果让自己悔恨终生；一些管理人员在会议上被点名发言时语无伦次，就像舌头打了结一样；另一些管理者一开讲就滔滔不绝、没完没了，最后连自己都忘记想要说些什么；还有一些领导者在回答问题时没有主题、东拉西扯，到最后才拼命地解释说"我的意思是……"。在开电话会议时，不少人总是怀疑刚刚自己发言时，参加会议的其他人没有在听，后悔自己的评论应该更敏锐、更机智一些。在单位走廊遇到同事时，不少人在简单、机械地说完"你好"之后，才意识到还可以进行更有意义的沟通。在电梯遇到公司高管时，哪个经理不是只会低头看地板，不敢说话也不知道该说什么，事后又扼腕顿足地后悔自己白白错失良机？在会议上，哪个没发言的人不是感觉自己在思考中迷失？

这样的表现还有很多，不胜枚举。我们很多人都认为即兴演讲要"跟着感觉走"。这也解释了为什么我们的走廊寒暄或开水间打招呼如此枯燥无味、会议上的意见和建议如此平淡无奇，而当老板要求我们概述整体情况，我们忙着从本来要讲30分钟的演示文稿中提炼核心信息的时候会表现得如此笨拙。跟着感觉走让我们的电话沟通脱离主题，也使我们在回答问题时磕磕绊绊、错误百出。简而言之，对"即兴"的误解让我们的日常谈话缺乏领导力，使我们的交流无法鼓舞听众、振奋人心。

即兴演讲是一种少数人掌握的艺术。然而，对于领导者来说却是一项重要的技能，这里的领导者绝不仅指那些有着顶级头衔的高层管理人员，还包括那些希望自己待人接物周到、言谈有说服力的各个层级的领导者。善用即兴演讲使我们有能力在日常情境中施加影响、激励别人。

你能从本书中学到什么

本书的目的是让每一位读者在即兴演讲时拥有更好的表现，其中的秘诀并不像读者想象得那样复杂，简而言之，秘密在于准备！也就是说你必须做好"自然应对"的准备，这听起来似乎自相矛盾。不过，对任何希望影响他人的人来说，"引领当下"是目标，而"准备好自然应对"则是实现这一目标的手段。

每个人都是一个或多个领域的专家，如果遇到自己擅长的话题，我们都可以无休无止地谈论下去。但是要想谈得有意义、鼓舞人心、传达领导力，则需要不断练习。在某些情况下，你只有很短的时间整理自己的想法；而在另一些情况下，可以在即兴发言之前就开始准备工作。

以下为读者列举了一些需要做好一定的准备和事先充分思考的情况。

- 决定要在会议上发言，并在几秒内收集想法。
- 参加晚宴的时候，你收到自己获奖的通知（你事先知道），而且还听说你将被邀请发表获奖词（你事先不知道），你在餐巾纸背面简要记下了一些想法。
- 参加社交活动，你事先知道可能会见到未来的雇主，于是明智地润色了一下自己的"电梯游说"稿。
- 获悉自己只有5分钟时间展示30分钟才能讲完的报告，你很快重新草拟了讲话稿，决定只介绍要点。

- 在短时间内进行员工指导，你事先整理了一下想法，这样你就可以给员工传达一些关键的信息。
- 准备即将开始的问答环节，你事先考虑可能的问题并准备答案。
- 和大老板一起上电梯，你知道该说什么，因为你一直在想着自己多么喜欢他最近的一次发言。
- 根据自己事先写好的笔记，向离职员工表示谢意。
- 在求职面试中，力证自己有能力胜任申请的职位，因为你已经准备好了说辞。

你在上述情境中都不能照着稿子念，而需要在当时选择、组织语言，但你必须事先做一些准备工作。实际上，准备即兴演讲和准备正式讲话一样，都需要练习。

掌控即兴情境，需要端正心态、了解素材、明确核心信息、搭建合理的结构、使用清晰的语言及采纳吸引观众的方式、方法，而所有这些都需要事先准备。实际上"即兴"（impromptu）这个词源于拉丁文（in promptu），原始含义是"准备就绪"（in readiness）。[6]本书将为读者展示如何为所有的即兴情况做好准备。

与过去相比，掌握即兴演讲这门艺术在快节奏的现代社会更为重要。几十年前，你可能花几个星期甚至几个月为一个战略规划会议的致辞做准备。而今天，这样的计划性活动往往被电视、电话会议所取代，甚至有时候一些会议在几分钟内就安排完毕，根本没有时间准备。在过去，高层管理人员和政府机构领导人讲话都是照着稿子读，而今天，这样特意安排的交流往往被问答环节或新闻发布会取代。随着社交媒体的出现，即兴演讲的内容可以迅速传播至边远地区的观众。

时代已经发生巨变，即兴发言的风险也日益增加。即兴言论可以激励和凝聚观众，也可以造成严重的后果：使员工灰心丧气或是使选民恼羞成怒。现在比以往任何时候都需要在即兴舞台上引入领导力。

本书将帮助读者，让每位读者都有能力"即时"传达领导力，以自然的方式即兴演讲，并且即兴演讲的内容经得起推敲，能让听者深受激励和鼓舞。

著名的即兴演讲家是后天打造的

历史为我们提供了很多例证，有许多伟大的即兴演讲家也曾像我们一样面临即兴演讲的挑战，但他们发现了战胜困难的方法，最终成为挥洒自如的演讲家。

第一个故事可追溯到公元 7 世纪，故事讲述了一个名叫卡德蒙（Caedmon）的卑微牛仔，他被邀请在宴会上讲话。按照当时的风俗习惯，人们依次传递竖琴，接到竖琴的人要给大家讲个故事。卡德蒙看到竖琴递过来，竟然惊慌失措。为躲避当众说话，他慌不择路地逃离宴会厅。那天晚上他做了一个梦，第二天，他再回到宴会厅，竟奇迹般地为大家创作了一首歌曲，所有人都认为他受到了上天的启发。[7]

亚伯拉罕·林肯（Abraham Lincoln）深谙即兴发表意见和建议的重要性，他曾对年轻的律师说："应该多多练习即兴演讲，培养自己在这方面的能力。即兴演讲是律师获得大众理解之道。"[8]林肯通过孜孜不倦的练习，成了一名出色的即兴演讲家。他即兴演讲的非凡能力在他与道格拉斯的辩论中可见一斑。[9]

温斯顿·丘吉尔（Winston Churchill）是有史以来著名的演讲家之一，他早年曾不断磨炼自己的即兴演讲技巧。在职业生涯初期，他有一个在英国议会发表自己观点的机会。当他站在那里时，他竟然感觉大脑忽然一片空白，什么也想不起来。按照当时人们的记录，"丘吉尔默默地站在那里直到他自己无法忍受，他回到了自己的座位上，把头埋在手里。这次的失利让他比以往任何时候都害怕站起来说话"。[10]后来，丘吉尔通过努力练习，成了一名雄辩的演讲家。

小马丁·路德·金（Martin Luther King, Jr.）是另一位通过不断练习成为即兴演讲家的卓越领导者。作为传教士，每次演讲前他都会仔细准备，但在正式演讲时，他不会照着准备好的文本或笔记读。这样的练习使他"甚至可以在很短的时间内重新安排思路和选择演讲内容"。[11]这种创建素材的能力造就了他《我有一个梦想》（*I have a dream*）的成功演讲。尽管他在前一天晚上对演讲做了精心准备，但作为演讲核心和灵魂的"我有一个梦想"却是他讲话时的即兴创作。他的演讲让在场的人深受触动，这反映了他驾驭即兴时刻的非凡能力。[12]

一些当今备受尊敬的商界领袖曾经因演讲而焦虑，但最终克服了胆怯，成了出色的即兴演讲者。维珍集团（Virgin Group）的理查德·布兰森（Richard Branson）曾公开谈论自己早年关于演讲的精神创伤[13]以及后来如何利用非正式电话提高即兴技巧。[14]特斯拉（Tesla）CEO 埃隆·马斯克（Elon Musk）坦承，他曾认为公开演讲令人恐怖，但现在对他来说最舒适的演讲方式却是脱稿演讲。[15]沃伦·巴菲特（Warren Buffett）说自己"害怕公开演讲"，[16]但现在他却能在即兴情境中，特别是在他的股东大会上侃侃而谈。他通过现场直播让整个世界都能看到他在股东大会上花几小时回答大家的各种问题。[17]

今天的领导者有大量即兴演讲的机会，无论是建立企业、领导一个组织、表达政治意愿，还是激励身边的同事，发展即兴技能都至关重要。

本书的力量

本书聚焦当今时代需要的沟通方式，关注每天、每时、每刻影响及鼓舞他人的机会。本书面向领导者，而这里的领导者不只是那些在组织中任职的高管，还包括想要在任何层面、任何职位及在工作场所内外影响他人的任何人。

本书为读者提供了一个简单的方法，并且这种方法适用于所有情形，无论是在会议中发表观点、在单位走廊回答同事的问题，还是在社交聊天时或午餐会上说几句话，所有这些情形都是你展示领导力的平台。引领谈话、使谈话关注解决方案或接受新想法的能力会让你成为领导者。我认为，这本书将激励那些还在进行正式演讲和使用演示文稿的人，使他们将目光转向即兴演讲。

本书分五个部分为领导者提供了即兴演讲的方法。

第一部分，即兴新时代，将和读者共同探讨：为什么即兴演讲已成为商业生活中的主流。这部分将讨论组织大变革以及自上而下的组织结构如何让位于扁平组织结构。在扁平组织结构中，每个人都有可能成为领导者（在其他情况下则是追随者）。这种领导力的民主化趋势以及从"大舞台"向"小舞台"的转变，为那些擅长即兴演讲的人创造了很多机会。

第二部分，即兴思维，将和读者探讨成为一名优秀的即兴领导者所需要的心理准备。即兴思维包括：具有领导意愿，善于倾听，保持真实、专注及尊重。如果你想提升职位或者触及某个员工的内心，这些价值观和态度是绝对必要的。

第三部分，领导者讲话脚本，将向读者展示如何组织思路。首先需要的是相关资料和关键信息储备；接下来还要了解听众；之后就可以准备创建演讲脚本。这部分还向读者介绍了即兴演讲脚本模板，其关键内容包括抓手、要点、结构体和呼吁行动。

第四部分，各种场合的即兴演讲脚本，为读者提供了脚本模板，读者作为领导者可以在相应场合使用这些脚本，包括会议、求职面试、社交活动、电梯谈话、小型演讲、致敬词、祝酒等即兴演讲或互动场合。

第五部分，即兴舞台，向读者展示了如何排练即兴演讲，这包括如何仔细选词、如何保持在当下、如何采用即兴演员的技巧与观众友好互动。在这部分，读者还将学到如何利用声音和肢体动作来吸引观众。

本书将使读者有能力在所有即兴时刻都像自信的领导者一样讲话，这样读者就可以在每次发言时引领和激励他人。

网球明星罗杰·费德勒（Roger Federer）精彩的语言为读者提供了即兴演讲的最佳范例，他让我们感受到原来即兴演讲可以如此打动人心和令人振奋。2017 年，罗杰赢得第八届温网冠军，他对记者说："比赛是神奇的，到现在我还不敢相信这个结果。我想，正是必胜的信念让我达到了今天的高度。"然后他又解释说："根据去年赛季的成绩，很难说我能不能进入最后的决赛，而且在 2014 年和 2015 年，我曾跟诺瓦克·德约科维奇艰难对决。但一直以来，我有个信念，我相信自己可以回来打决赛。如果你也相信自己，那么你也可以在生命中创造奇迹、走得更远。我想我就是这么做的，我很高兴我一直相信自己、相信梦想，是信念让我站在了今天的领奖台上。"

本书将帮助你找到自我表达的最佳方式，带领你达到令人鼓舞的高度。你不必非要成为网球明星或 CEO，也许你只是一名普通的经理人、一位班组长或一名实习生。无论你的角色如何，每一天、每一次和别人谈话，你都可以通过本书介绍的技巧引领、启发、激励他人。

PART **1**

第一部分

即兴新时代

我梦想有一天，这个国家会站立起来，真正实现其信条的真谛："我们认为这些真理是不言而喻的：人人生而平等。"

——小马丁·路德·金

第 1 章

即兴演讲的兴起

过去的半个世纪以来，领导者在组织机构中的沟通方式发生了显著变化。领导力不仅体现为"C 级高管"[18]站在主席台后，字斟句酌、一字一句地念事先准备好的发言稿，还体现在每个层级的员工都可以即时发表意见和建议，随时体现自己的领导力。这些变革为什么会发生以及是如何发生的，正是本书涉及的内容。

正式演讲曾经的辉煌岁月

早在 20 世纪 80 年代，我进入商界，那时候几乎每个组织的 CEO 和高层管理人员，都经常发表正式演讲，而鲜有机会即兴发表观点。此外，经理人以及低职位的管理人员鲜少有发言的机会，因为当时的组织文化不鼓励大家多交流。我记得当公司宣传部门要推出课程来指导经理人如何增进沟通时，一群工程师听到了这个消息，其中的一位高级工程师竟然写了一封电子邮件询问："我们怎样做才能让这个课程天折呢？"

我的第一份工作是为高管起草演讲稿，刚刚进入这个行业的感觉就像加入了某个"秘密帮会"。工作第一天，老板认真地看着我说："我要把你打造成一个出色的演讲稿撰稿人。"我当时还在见习期，而他这位经验丰富的大师竟然要把秘诀传授给我。很快他把我派到纽约，和一个为纳尔逊·洛克菲勒[19]起草过演讲稿的佼佼者一同参加了培训。我逐渐领悟到，准备一个重要讲话需要经过若干复杂程序，常常要几个星期甚至几个月才能完成。我学会了做计划、研究、写大纲、讨论、草拟、改写以及将草稿编写为 30 分钟的讲话稿。一般来说，CEO 对准备的整个过程会异常重视，他们往往会参与大部分过程。演讲稿的撰写过程非常复杂，老板曾经告诉我，如果我们的高管客户没有给我们留三个月的时间做准备，我们可以拒绝撰稿。注意，是三个月啊！

那时候，演讲稿撰稿人和高管之间的合作非常密切。一旦某位 CEO 退休，他很可能会把自己的撰稿人介绍给同行的朋友或同事。我合作过的一位 CEO 退休的时候也曾把我推荐给业内另一位高管。虽然我最终没有接受那份工作，但是自己的工作被认可，我还是感到非常骄傲。

我发现撰稿人这项工作令我非常兴奋，我还通过与 IABC（International Association for Business Communicators，国际商务交流协会）的联系定期在美国和加拿大的大城市举办演讲课程。那些年正是正式演讲的鼎盛期，我的为期一天的"演讲稿撰写艺术"课程一旦开始预定，很快就被抢购一空。

1988 年，我成立了自己的信息传媒公司——汉弗莱集团。当时市场上对正式发言稿的需求依然很大，因而撰写演讲稿以及培训高管如何发言是公司的主营业务。为了满足市场需求，我和我丈夫（他是一名大学教授）经常夜以继日地写稿，这样才能勉强按时满足客户需求。

20 世纪 90 年代是一个转折点，市场出现了一些非常奇怪的现象：对正式演讲稿的需求骤然下降，而要求汉弗莱集团提供即兴发言帮助的客户的数量飙升。我还清楚地记得当时和一位客户的谈话，他是某家公司的首席财务官，那天他刚刚做完公司季度业绩分析报告。"你的讲稿呢？"我疑惑地问他，他看了看我，指了指自己的太阳穴。那一刻，我认定他是一位演讲天才，他竟然可以不用讲稿侃侃而谈。而这种讲话方式正是当时领导力沟通的发展趋势。领导力沟通方式正在从准备充分的正式演讲逐渐演变为脱稿的即兴演讲。

还记得 20 世纪 90 年代初，我辅导一位来自一家大型公用事业公司的高级工程负责人演讲。当然，他后来的演讲风格发生了很大变化，并最终放弃了讲稿。而在当时的辅导过程中，我发现他精心准备了讲稿，还用黄色记号笔强调一些字句。他的讲稿中有很多关于冶金工程的细节，包括数字、信息、技术资料、专业术语等。他开始试讲的时候，我感觉他在一字一句地念稿子，似乎那份厚重的讲稿快把他拖垮了。他的讲话内容平铺直叙、语调没有一点点抑扬顿挫、讲话节奏缺乏变化、面部表情生硬，整个讲话过程索然无味，他似乎要被这些冗词、废话"活埋"了。

我播放了他的演讲录像，我们俩都认为这个演讲稿太糟糕了。我们一起修改了文本，修订了冗长而烦琐的句子，还特意标注出一些关键点，提示他在演讲中要加入一些信息和要点。

后来他的演讲风格发生了很大变化。现在他演讲的时候，抬头挺胸而不再低头看稿；他在说、在讲而不是在念；他用生动案例论述每个要点。现在听他演讲，你会感觉他终于能游刃有余地表达了。我认为，这恰恰是非正式演讲应有的样子。

不管由于什么原因，正式演讲大势已去。汉弗莱集团 CEO 巴特·埃格纳尔（Bart Egnal，我的继任者）曾说："在过去的 15 年里，我和公司一同见证了市场趋势：正式演讲不断减少，而即兴演讲不断增加。正式的、过度修饰的'演讲表演'已遭淘汰，念稿式的沟通方式正在退出舞台，取而代之的是双向对话。观众渴望的是真实的沟通。那些注意到这一变化的领导者，那些积极发展即兴技能并利用日常时刻施加影响力的领导者，他们正在赢得人心。"

今天，越来越多的领导者由于时间紧迫、渴望真诚对话，正在抛弃演讲稿。SpaceX 的 CEO 埃隆·马斯克聘请了德克斯·托里克－巴顿（Dex Torricke-Barton）为他工作，而后者曾经是马克·扎克伯格（Mark Zuckerberg）的演讲稿撰稿人。但埃隆很快就在推特中指出："德克斯会负责宣传工作，我只想与观众对话，我没有时间排练，也不想照着稿子念。"一位粉丝随即发推特回复说："那正是我们喜欢你的原因，埃隆！我喜欢你带有个人色彩的即兴演讲。"另一位粉丝也评论道："我百分之百同意，不要改变你说话的方式。"[20]

从演讲要打草稿到脱稿自然演讲、从大舞台到小舞台，领导力沟通的巨大变化反映了即兴演讲新时代的到来。

即兴演讲兴起的三个原因

即兴演讲兴起（以及正式演讲减少）反映的是彼此密切相关的"三个变化"，而这"三个变化"已经改变了我们的世界。

首先是组织扁平化

大小企业、各级政府、慈善机构甚至是志愿者协会，所有组织机构与 20 年（甚至 10 年）前相比都大相径庭，今天的组织顶端设置有管理者，但纵向来看层级明显减少，而顶底之间的障碍也越来越少，知识和决策制定过程趋向分散。

组织机构在 20 世纪 90 年代开始出现的这些变化其实由来已久。麻省理工学院管理和组织研究教授德博拉·安科纳（Deborah Ancona）以编年体的方式记述了组织机构从 20 世纪 20 年代"超级官僚机构"开始到现在的发展变化。几十年间组织机构一直在发展，但变化微乎其微，直到最近几年这种变化才加速，出现了今天我们所看到的"生态领导力""协作领导力"或"分布式领导力"等工作场所。[21]

正如安科纳和亨里克·布雷斯曼（Henrik Bresman）在他们的书《X团队》（*X-Teams*）中所述，"从命令—控制型领导力到分布式领导力的转变，需要在组织内部进行更多的对话和协调"。[22] 这是因为"核心知识和信息曾经以垂直方式自上而下流动，而现在不仅上下双向流动，还跨部门和机构横向流动"。[23] 如今每个人都可以提出自己的想法，都可以激励周围的追随者。沟通不再是高级管理人员的责任，组织各个层级都需要领导力，即使是初级分析师也必须有能力向"C级高管"或投资组合经理清晰地表达观点，所有人都身在其中！"领导者"不再是一个称号，领导力体现在个人对组织内部上下及周围的同事的启发、激励和鼓舞中。

比起之前那些位于组织顶端的管理人员，今天的领导者面临更多挑战，他们必须更加开放、更加真实，并采取非正式方式与员工沟通交流。这样的沟通方式需要倾听、构建共识、在会议上彼此协作、一对一接触以及在停车场或电梯间沟通。领导力基于每日具体情况，在那个情境下，个人感觉需要引领当下、自然地发表意见、分享想法或愿景。这就是21世纪组织内部的领导力。

其次是科技的发展

科技的发展加快了组织从传统的自上而下领导力模式向分布式领导力模式的转变。过去很长一段时间内，知识只掌握在组织内部最顶层的少数人手中。比如在 19 世纪及 20 世纪初，只有 CEO 和他业内的社交圈（总是男人）能够看到会计师和簿记员的各种报告。而这种排他性并没有随着大型机在 20 世纪 50 年代的出现而结束，到了 50 年代依然只有相对较少的人可以获得信息。

但是到 20 世纪 90 年代，随着万维网和低成本网络计算机的兴起，少数人专享知识的局面终于被打破。几乎在一夜之间，每个想要获取知识的人都可以获得大量信息。《线车宣言》（ *The Cluetrain Manifesto* ）的作者认为，互联网大大改变了组织结构，将过去基于等级的组织结构转变为基于分散知识的组织结构，"在旧经济体中能发挥作用的组织结构图是：处于金字塔顶端的高层了解计划制订过程，详细的工作指令则自上至下传递。而今天，组织结构图是超链接的，不再分等级；同时，比起抽象知识，人们更尊重实用知识"。[24]

随着技术的发展，每个人都可以与其他人联系，电子邮件、短信、博客、推特和电话会议等技术手段为每个人提供了不分等级的沟通渠道。现在甚至连 CEO 也使用脸书与员工保持联系。正如全球 IT 服务公司 Pythian 的 CEO 保罗·瓦利（Paul Vallée）所说："我每天在脸书上发布四五次信息，而几乎每次我都发布'关于挖掘他人潜力'的内容。Pythian 在全球 155 个城市都有自己的员工，脸书让我能和这些员工保持联系，并同我支持的其他团队实现沟通。"

科技创造了一个全新的交流环境。北美松下医疗集团（Panasonic Healthcare Corp.）销售副总裁默里·威格莫尔（Murray Wigmore）认为，"科技可以更快速地启动人们之间的沟通，并将其转化为全球对话"。他曾对我说："我从事医疗行业，假如我们行业的人说'嘿，我们有个客户正在开发新产品'，这个消息会通过互联网传到世界各地，接着来自世界某个地方的某人可能会打来电话聊聊这件事。然后可能会开始一次电视或电话会议，人们用电话沟通取代了幻灯片演示、用语言取代了图片播放，最后引发了即兴沟通。"科技改变了我们在组织中的沟通方式。

这就是科技和即兴之间的联系，人们用更简短、更自然、更真实的方式进行沟通，使得即兴演讲越来越普遍。同样，科技发展使得组织中的每个人都有机会更熟悉其他同事，比如一位经理在电梯里见到公司 CEO，她可能会问"你的演讲准备得怎么样了"，或者一个销售主管签了一位新客户，他可能在电梯里和其他同事分享这个好消息。

科技以及科技带来的员工赋权也创造了以团队为基础的组织结构。谷歌执行官戴安妮·格林（Diane Greene）曾说，高层管理人员"时常通过电子邮件、谈话、会议、协调等方式实现沟通"。[25] 这也意味着"大家都清楚自己在做什么、为什么要做以及努力的目标是什么"，而这种合作是在公司各个层面开展的。正如纽约 Media Connect 媒体关系公司总经理大卫·哈恩（David Hahn）所说："每个人都在某个团队中工作，大家对本部门以及公司各部门的同事比之前有了更多的了解，一个CEO可能既属于某个球队也属于公司战略会议成员团体，机构扁平化意味着更加熟悉、更多非正式交流以及更多的即兴时刻。"

《华尔街日报》的小托马斯·佩钦格（Thomas Petzinger, Jr.）在为《线车宣言》所作的序言中写道："这本书向读者展示了沟通如何构成商业的基础，商业如何一度失去了人们之间的沟通，以及由于技术的发展、激发并强烈要求人们发自内心地说话，于是沟通又如何回到商业。"[26]

最后是时空观的改变

即兴演讲出现的第三个因素是人们对时间和空间的重新认识。由于世界已经互联，时区的坚冰已经消融，人们生活在一个"7×24"的世界。无论在哪里，任何公司都会受到全球金融市场波动或世界新闻报道带来的影响。

信息的流动曾经像一条涓涓细流，而现在已经汇集成名副其实的尼亚加拉大瀑布。每天，电子邮件、短信、新闻报道、视频以及社交媒体帖子等，滚滚而来。研究表明，工作人员每周有28小时用于写邮件、阅读邮件或回复邮件；另外，平均每人每天看150次智能手机。[27]如此一来，留给冗长的正式活动的时间大大减少，传统的沟通形式

（演讲、报告会等）被简短便捷的即兴交流所取代。事实上，即兴演讲已成为领导者的通常做法，这反映了当今领导者所做的一切都被分解、碎片化为细小的活动。

大卫·哈恩经常与传媒团队的成员密聊，他们的聊天往往持续 3 ～ 5 分钟。他发现这样的工作方式比定期会议更富效率，即兴密聊让他和团队成员有机会在简短对话中互相了解并推动项目进展。罗里·考恩（Rory Cowan）是莱博智科技公司（Lionbridge Technologies）的 CEO，该公司位于美国马萨诸塞州沃尔瑟姆市，拥有 4 500 名员工。他说与其花费大量时间、精力进行长时间的面对面会议，还不如"多和员工接触"，无论是面谈还是通过短信、即时消息或视频聊天。有时候他居然会"同时打开四五个聊天窗口"。[28] 如果有员工想找老板谈话，他可以直接进入办公室，和老板快速、即兴地交换意见，而不是预先约定时间，等待老板召见。

加利福尼亚大学（University of California）的一项研究显示，工作碎片化现象普遍存在，这是因为员工在个人工作任务上花的时间比之前少，而且工作过程中频繁地被别人打断。平均而言，访谈对象在切换到另一项活动或被打断之前只有 11 分钟零 4 秒的专注时间，[29] 难怪商业领袖发现即兴谈话更适合当今环境。

甚至办公室布局也促进了信息轰炸和碎片化工作。彭博社（Boomberg Inc.）CEO 迈克尔·彭博（Michael Boomberg）钟情办公场所的透明性，他的办公桌位于彭博总部大厦五楼的一个开放空间；[30]

马克·扎克伯格的办公室和项目团队位于同一层，项目团队将"像村庄一样建设"的概念引入办公环境设计。[31] 现在的办公室都设计得更加开放，鼓励同事之间互相打扰，无论结果好坏，鼓励有问题就问"你有时间吗"或者"你能回答我一个简短的问题吗"。新的办公空间还包括聊天室、小吃吧台、厨房、娱乐设施以及其他鼓励沟通的场所。正如建筑师詹妮弗·玛格诺菲（Jennifer Magnolfi）所写："当今办公室设计的最佳实践来自共享空间、黑客空间、制造者空间，这些空间是围绕着开放、共享和共同创造的核心原则而设计的。"[32] 由于工作场所中所有的这些新事物，员工之间的交流变得更加自发和自然。非正式的、即兴的风格已成为常态。在汉弗莱集团，我们也在与客户的合作中看到了这一点，首席财务官用 5 分钟向分析师概述了他之前需要 1 小时用幻灯片演示完成的报告，随后是 55 分钟的问答环节。因此，如读者所见，沟通不再依靠正式演讲，而采用一种谈话的方式进行。

有一位我们还在合作的高级副总裁，他刚刚加入一家新公司，被邀请在隔壁的大会厅对 3 000 名员工进行市政厅讲话。[33]

正如大多数负责任的高管那样，他精心写好了演讲稿。会前，CEO 看到他在讲台放好了自己的讲话稿，惊奇地问："那是什么？"

"我的演讲稿啊！"新高管回答道。

"哦，不用正式演讲，"CEO 说，"只要跟员工聊聊就行。"

幸运的是，这位新高管有充裕的时间，他记住了稿子上的内容。那天他作了脱稿演讲。

想成功就必须学会引领当下，这个原则适用于各个层级的领导者。已经不会再有站在高台上的正式演讲，现在观众需要的是简单的、发自内心的、真实的交流，如果发言不完全来自当下，至少要看起来、听起来像即兴的。

领导者不仅更多地采纳了非正式讲话方式，他们在组织中也比之前与各个层级的领导者或下属有了更多的沟通，包括纵向和横向的沟通。他们也和客户打交道，和公司外的其他人沟通。以下为读者列出汉弗莱集团收到的客户需求，这些客户都想成为更好的领导者。

- 一位分析师想知道如何在咖啡机旁和公司 CEO 谈话。
- 一位副总裁希望能够更好地"闲聊"，以便能够与客户建立联系。
- 一位经理人想和公司 CEO 分享自己的想法，又不想让他感觉冒昧。
- 一名人力资源部的职员想在电梯间自信地和大老板说话。
- 一位科技公司的 CEO 想听取团队的想法，而不想让员工感觉唐突。
- 一位团队领导在"不好开口"的沟通方面需要帮助，她的一位员工上班总是迟到，也不参加会议。
- 一名聪明的财务专家想在会议上分享自己的想法，但他一开口就没完没了，导致同事对他的谈话失去兴趣。

会议、走廊、电梯间、办公室、电话以及其他场合的讲话比较紧迫。为顺利进行这类谈话，领导者要了解听众、预见可能出现的问题或对方的疑虑，在现场，可以先在内心草拟讲话脚本，然后以真诚和易于听众理解的方式表达出来。即使我们有时间事先准备，说话的时候也必须看起来"自然、自发"。

如今人们对领导者真实讲话的需求达到了前所未有的程度。过去那种充斥专业名词的"企业语言"已经失效。今天的领导者需要做到实际、真实，并在所有情况下坚持这种做法。在新型组织中，每个人都是相互联系的，每个人都是开放的，人们需要一种热情的、对话式的沟通风格。

21世纪，即兴演讲为人们提供了彼此连接、激励和引导的方式。照稿宣读的正式演讲、幻灯片演示、展销演出以及市场宣传等正在被领导者及其跟随者之间的日常对话所取代，而这些对话将改变认知、改变感受并改变组织。

2

即兴交流的力量

谷歌联合创始人拉里·佩奇（Larry Page）在会议间歇径直向一位陌生人走去，然后开始攀谈。这位陌生人是查尔斯·蔡斯（Charles Chase），是管理洛克希德马丁公司核聚变（Lockheed Martin's nuclear）计划的工程师。据《纽约时报》（*New York Times*）报道，"他们花了足足 20 分钟讨论在可持续聚变反应中，人类如何通过模仿太阳能制造清洁能源。之后，蔡斯先生想起来问一下这位先生的名字"。

"我是拉里·佩奇。"这位先生回答道。得知自己一直在跟谷歌联合创始人聊天，蔡斯惊呆了。

"他没有任何架子，"蔡斯说，"我们只是畅快地聊天。"[34]

这种自然自发、不分等级的对话对当前商界领袖们来说尚属新事物。也就是说，今天的领导者不再隐藏于讲台后，他们更愿意接受采访、参加市政厅对话、进行电梯间交流，或接受"你有一分钟吗"引发的简短沟通。与站在讲台后发表一年一度的演讲相比，上述对话为领导者提供了更多的成功机会。

即兴演讲为领导者带来引人注目的力量，主要体现在以下几个方面。

大量的机会

非正式对话可能发生于办公室、电梯间、洗手间、走廊、停车场、会议室、聊天室、餐厅、咖啡厅、飞机场、高尔夫球场，以及其他任何你能想到的地方。商业领导者可能在上述任何场景中遇到公司老板或员工。当我对客户进行调查时，曾经问他们"你一天大概会遇到多少个需要即兴领导的时刻"，以下是他们的回答。

- "太多了，我的确遇到了很多这样的时刻。"
- "在 90% 的讨论中，我没有稿子可念。"
- "每天我大概会遇到 20 ~ 23 个即兴领导时刻。"
- "我每小时会有 2 个，一天 10 小时，也就是说会遇到 20 个即兴领导时刻。"
- "无论是在工作单位、家庭还是在社区，你都是领导者。你永远不能推卸责任。所以，我的回答是，所有时刻。"

这些回答表明，每位领导者每天都有很多时刻可用来施加影响和激励别人。在日常工作中，我们常常会被打断，于是每小时会出现许多"即兴时刻"。[35] 而卓越的领导者不会视其为"打断"，相反这些"打断"为他们提供了接触和激励别人的机会。

即兴时刻的频次非常重要。一般来说，如果你只说一次，人们不一定能"理解"你的想法，因此你需要一遍又一遍地重复信息。尤其可以利用即兴情境，比如走廊、电梯间、餐厅、会议室或办公室。每次你重复的时候，要听起来新鲜、自然，假以时日，你会得到你想要的效果。

组织内的纵向、横向合作

自然、自发的对话把公司不同层次、不同领域的员工聚集在一起，使得大家可以分享信息和想法。开放式的办公室布局和科技使每个人都能与其他人保持联系，这就是为什么即兴交流变得如此重要。即兴交流推倒了等级的藩篱，并在不同的专业领域间搭建了理解的桥梁。

不管是站在讲台上演讲还是发布行政公告，都属于自上而下的沟通方式。由于缺乏与员工的互动，这种老式沟通已经不再奏效。任何知识与智慧，不管是核聚变反应还是客户解决方案，都存在于组织内各个层级人员的头脑中。这种打破层级的新交流方式可以让你在组织内横向、纵向地建立联系。

如果现在一位经理人乘电梯偶遇公司 CEO，她可以问"不知道您对昨天发送的邮件有什么看法"，或者"我有个想法，想和您聊聊"，这样的对话打开了继续交流的通道，有利于这位经理人的职业提升，更有利于公司高管抓住机会开诚布公地和团队开展更多的对话。当今的工作场所处于快速变化期，具有很大的不确定性，人们渴望获得信息，如果缺乏透明性、缺乏信息，谣言和猜测就会在工作场所蔓延。即兴对话是组织向员工提供可靠信息的一种途径，即兴对话会让员工感受到工作环境的舒适，同时，也有助于组织协调发展。正如《领导者沟通术》（*Talk, Inc.*）的作者之一鲍里斯·格罗斯伯格（Boris Groysberg）所说，"我认为变化（行业变化以及产品变化）的速度，比之前要快得多。因此，要与客户、员工保持密切联系，这一点变得越来越重要"。[36]

即兴谈话可以彼此激发想法。2014 年，马克·扎克伯格在脸书的一次问答环节中说："好点子不会无缘无故找上门来。点子来了，那是因为很长一段时间以来，你不停地谈论这件事、一直在想这件事并且和很多人聊起过这件事。"[37] 扎克伯格"从他的高级经理人那里吸取了灵感"，并在周围人中"经常测试这一观点"。[38]

更快、更好的决策

自然、自发的对话能使你更及时地解决问题并及时反馈。简而言之，即兴会议已成了当今组织的运行规则。加拿大 Loblaws 食品杂货连锁店（该公司拥有 2 000 多家连锁店）的高级副总裁伊恩·戈登（Ian Gordon）曾说："即兴领导力可以加快决策。"他在一个有数千名员工的办公室工作，他说："我经常四处走走，和正在工作的员工简短交流，交流时间通常为 30 秒到 30 分钟不等，而这些谈话往往会帮助员工解决他们困惑的问题。"

谷歌 CEO 桑达尔·皮查伊（Sundar Pichai）经常在办公室旁边的一个房间里与员工会面，这个房间被昵称为"桑达尔密室"。根据《快公司》（Fast Company）杂志的一篇文章，"有一次在桑达尔密室，项目团队想向桑达尔介绍工作，没想到刚刚坐定，他就开始抛出各种问题，然后阐述观点、提出建议。在半小时内，他们的讨论从一个主题转到另一个主题"。[39] 这就是即兴交流的力量，它可以带来更好的决策。

优秀的经理人会鼓励员工这样做。一位高管曾透露，"谈到与公司老板会面，即兴对话是推进事情发展最好的办法。现在如果我想和老板谈 1 小时，几乎就得提前 8 个星期安排预约。而我完全可以在公司大厅和他谈话，花不了 5 分钟的时间，基本上就可以获得我所需要的信息。同样，我也经常由于和我的员工交谈而逗留在办公大厅，他们经常在我的办公室旁边逛，然后问我能不能抽出几分钟时间和他们谈话"。即兴对话已经成为推动业务日程发展最有效的方式。所以，下一次如果有员工问"你有时间吗"，不要说"可以等一等吗"，要说"当然了……什么事"。

传统的绩效考评也趋向于做出更及时的反馈和推动人才发展。一些具有前瞻性的组织已经不再使用年度考评，取而代之的是手把手的指导和辅导。在此过程中，领导者给予员工简短的反馈。

德勤（Deloitte）人才和工作场所管理合伙人山下美和（Miyo Yamashita）在最近的一次谈话中告诉我，"德勤已经从年度业绩考核和业绩评级转向员工与其经理之间的定期面对面谈话"。山下解释说："我们现在要求员工回答我们称为'脉冲调查'的问卷，问卷中只包括 5 个简短的问题，而不再要求员工每年填写冗长的问卷和撰写工作计划。每季度甚至每隔几周，经理们也会填写我们所说的绩效简述。"山下认为，"这种新方法的美妙之处在于我们在创造常规的指导和辅导时刻"。

通用电气公司正在创造一种更快的反馈方式，时任董事长兼 CEO 杰夫·伊梅尔特（Jeff Immelt）解释说："我们正在想办法取消以年度或季度计的活动，同时努力使一切工作更为实时……公司不再作年度员工评估。员工现在使用叫作 PD@GE 的应用程序，以此从同事那里不断地得到深刻的见解，这样他们每天都能进步。"[40]

一种拉近关系的新方法

和以前领导在讲台上讲话或训话相比，即兴交流大大拉近了领导者和听众的距离，《线车宣言》的作者解释了这种新型沟通，"我们被抛入这个世界，但许多人却发现自己正在探索一种前所未有、从未想到过的自由：可以放任好奇心、可以争辩、可以表达不同观点、可以嘲笑自己、可以将现实与愿景对比、可以学习，还可以创造新艺术和新知识"。[41]

即兴互动是与观众直接开展对话，因此它是一个强大的动态过程。传统沟通采用独白式，可事实上，来自观众的反馈能帮助领导者更加清晰、有力地传达信息。温莎大学奥德特商学院（University of Windsor's Odette School of Business）前院长艾伦·康韦（Allan Conway）博士说："我常常在走进教室前准备好三种授课方式，直到开始上课、接触到学生的目光，我才知道自己应该怎么讲。"我的丈夫是一位大学教授，他曾提起自己的一位同事。这位老师上课时即兴发挥，和学生展开真正的对话，这使他的本科班学生惊异不已。这位老师熟知所教授的课程，所以没有事先写好讲稿，而是仔细观察学生，看他们的眼睛和肢体语言在表达什么，然后根据自己看到的构建讲课内容。

在日常工作中，要想与听众保持融洽的关系，需要一种新的思维方式——把相遇看作"敞开心扉"的时刻，参与真正的对话而不仅限于表面的"闲聊"。对许多领导者来说，分享愿景依然是大型论坛上才有的活动。因此，不要梦想会有一天，公司经理人或老板上午10:30不知为何突然找到下属，并与其分享愿景。领导们忙着商业运营、忙于技术和商业战略，因为，他们需要看到这 5 分钟谈话能成为与员工建立真正联系的契机。

下一次，如果在公司大厅又遇到同事，你完全可以超越"你好，最近怎么样"的寒暄，去分享一些更为深入的东西：告诉同事你的想法，分享你的愿景，然后征询他们的看法。我相信，对话的精彩程度一定会超出你的想象。抓住对话机会、不拘束地发表观点，会让对话的双方紧密相连。而对领导者来说，这更意味着与员工、客户、老板以及与之一起工作的每个人拥有更紧密的联系。

使你真实、可信

即兴对话让你真实、可信，如果是团队或组织的领导者，即兴对话带来的益处则更大。正是出于这个原因，帕特里克·兰西奥尼（Patrick Lencioni）提出，领导者讲话不要"过度修饰语言，再加上一字不差地念稿子，使自己听起来非常呆板。领导者需要明确讲话要点，然后走入团队中间，用自己的话来解释、阐述这些要点"。[42] 当领导者抛弃稿子讲话的时候，他们的语气会更真实，听众会感觉他们的话发自内心，而不是来自别人拟好的稿子。

当公司涉及如兼并或裁员等影响员工的关键性问题时，即兴对话尤为重要。正如一位高级副总裁所说："假如员工收到从总公司发出的一则毫无人情味、事关重大的公告，他们一定会紧张不安。遇到这种情况，发布通知的更好办法是与员工即兴对话，理解每一方的顾虑，告诉员工消息的同时为大家解除疑虑，使信息和每个人更为相关。你完全可以决定发布消息的方式。"

我个人的一些经历也让我感受到了即兴对话的力量，帮助我与观众建立了信任。记得我的第一本书《像领导者一样讲话》出版时，我采用演讲、演示文稿、网络研讨会等活动，以对此书进行宣传。到第二本书《走上舞台：女性如何在讲话中脱颖而出并最终成功》需要做宣传时，我采用了在讲台上对话的方式并成功地与观众建立了信任。和通常一样，观众中的一两百名女性和一些勇敢的男性很快参与了对话，他们还公开分享了自己的担心、目标、恐惧和希望。其中有些人甚至走上台来，在大庭广众之下接受我的指导。这些都让我感觉到台上的对话与台下观众的对话融为一体，会场气氛自然轻松，观众也因此打开了心扉。

最精彩的语言

即兴对话可以产生一些最精彩的语言。当然，如果你没有准备或者你对现场缺乏敏感性，结果可能会非常失败。相反，如果你有备而来，优雅而庄重，你的演讲会令人着迷。

约翰·肯尼迪（John Kennedy）的传记作者西奥多·索伦森（Theodore Sorensen）曾经写道："肯尼迪的即兴发言比他照着文稿

演讲的效果更好。"索伦森解释说："在一次发言中，肯尼迪只准备了几条备注，而且前一天晚上几乎没有睡觉。在演讲时，他居然在简单的一句话中将一个短语重复了三次。听众笑了，肯尼迪也笑了。然后他接着说，'我打算把这次的演讲谱成乐曲，能赚笔大钱'。"[43]

很多有影响力的电影台词来自演员们的即兴创作。演员沉浸于扮演的角色时会有即兴创作，台词一出惊艳四座，不仅导演惊讶，甚至演员也会惊讶自己的智慧。在电影《卡萨布兰卡》（Casablanca）中那句"孩子，就看你的了"，是亨弗莱·鲍嘉（Humphrey Bogart）在拍摄之余教英格丽·褒曼（Ingrid Bergman）打扑克的时候说的，后来他在电影拍摄中脱口而出。电影《出租车司机》（Taxi Driver）中，罗伯特·德·尼罗（Robert De Niro）即兴创作了"你在跟我说话吗"这句台词。杰克·尼科尔森（Jack Nicholson）在《义海雄风》（A Few Good Men）中创作了"你不能掌控真相"这句台词，和原来电影台词脚本中的"你已经拥有真相"相比有很大的改进。电影《穿普拉达的女王》（The Devil Wears Prada）中，梅丽尔·斯特里普（Meryl Streep）沉浸在她的角色——时尚编辑米兰达·普里斯特利（Miranda Priestly）之中，创作了令人难忘的台词，"别傻了，安德烈，大家都想要这一切。大家都想成为我们这样的"。[44]

大家都觉得自己最具领导力的时刻是即兴时刻，可能是一次会议上诙谐反驳他人时，或者是唇枪舌剑、反败为胜后赢得同事的肯定时，抑或面对团队或家人带来的惊喜后发表精彩致谢词时。我有过这样的经历，我丈夫曾经为庆祝我的生日举办了一场惊喜派对。记得当时大约有 60 位客人参加了这次墨西哥风格的派对。我感动于丈夫的用心以及这么多朋友带来的惊喜，所以在我的即兴讲话中，我感谢了我的丈夫、同事和朋友。这次演讲到目前为止依然是我最好的演讲之一。如果我知道这次聚会，是否可以提前准备一下而讲得更好？答案是不可能。因为这就是即兴演讲的力量，身临其境会激发你创造出最精彩的语言，而其中的秘诀在于进入你正在扮演的角色，并与你正在交流的人保持联结。

使你魅力超凡

即兴讲话令人瞩目的一点是它会让你魅力十足。在《心理科学》（*Psychological Science*）上发表的研究文章认为，那些在应对问题或陈述观点时毫不犹豫的人具有魅力。研究人员说："当我们观察有魅力的领导者、音乐家或其他公众人物时，发现他们最突出的一点是行动敏捷。"[45] 这种毫不犹豫作出反应的能力非常具有吸引力。正如茱莉·贝克（Julie Beck）在《大西洋月刊》（*The Atlantic*）中写的那样："妙语连珠式的回答令人兴奋，当这样的谈话发生在你和另一个人之间时，不管是约会、商务会议，还是非正式聚会，你很有可能被那个人吸引。"[46]

即兴讲话确实需要思维速度。如果你不停地说，或者拖泥带水地介绍你的观点，没有人愿意听。在即兴讲台上，人们希望你开门见山、直截了当，说明为什么你相信自己的说法。这种魅力不光来自快速的思维，也来自是否能够与他人成功互动。正如爵士乐音乐家、哥伦比亚大学（Columbia University）教授斯蒂芬·T. 阿斯玛（Stephen T. Asma）所写："即兴创作成功的关键是要摆脱内心的羁绊。通常，内在的自我想要操纵一切，但优秀的即兴表演者会削弱内在自我的影响，减少其监督，而让具身系统[47]行动、弹奏、回应。用最近认知科学的术语来说，就是即兴表演减少了大脑'执行控制'的功能，而允许联想心智来控制。"[48]

如果在公司大厅遇到某人，你能抓住他的注意力，能快速提出见解、倾听、回应，然后继续做自己的事，那么你就是人们期待的具有魅力的领导者。这也是你作为领导者每天可以展现的东西。

即兴讲话对我们所有人来说都有巨大的力量。世界变得越来越快、越来越复杂，领导者必须利用每一个即兴机会来吸引和启发他们的同事、团队、管理层、客户、朋友和家人。即兴讲话让我们摆脱了以传统等级为基础的组织结构，促进了更好、更快、更协调的决策过程，并允许我们与那些我们关心的人以及我们决定要引领的人分享想法和感受。

PART 2

第二部分

即兴思维

不要问你们的国家能为你们做些什么，而要问你们能为国家做些什么。

——约翰·肯尼迪

3

拥有当领导者的意愿

即兴演讲关系到语言、脚本及表演。不过,在选择语言或打底稿之前,还需要有正确的思维模式。这就是本书第二部分要讲的内容。正确的思维模式包括领导意识、倾听、真实、专注和尊重。保持正确的思维方式,之后要做的事情自然会按部就班、水到渠成。

成功的管理人员或经理人会将每一次与他人的相遇视为潜在的领导力时刻。在即兴交流兴起的世界,领导力在任何时刻、任何情况、公司任何层级都可能出现,而且任何人都有可能成为领导者。与雇员、同事、管理人员、客户、供应商或业务伙伴的每一次相遇,都潜藏着一次施加影响、激励或推动他人采取行动的领导力时刻。

关键是你要有做领导者的意愿,也就是一种想要感染他人的欲望:不管是帮助他人形成自己的观点、影响他人行为,还是在人际层面与他们联结并使其感受到工作场所或生活的美好。把握这些机会意味着你在挖掘自己的领导力,你在把转瞬即逝的机会变为永恒,使这些机会对他人产生影响。如果大多数员工认为工作"没有参与感"、与工作场所"脱离",或与工作场所没有"情感联系",那么这就提示你需要持续地与各个层级的员工保持接触。[49]

史蒂夫·乔布斯对做领导者有一种超强的意愿。[50]"意愿"(intention)和"强度"(intensity)本是同根词。期待做领导者的意愿因人而异,属于人类遗传基因的一部分,我们后天没有办法自己控制"开关"闭合。真正的领导者在任何情形下都会把每次互动当作领导力时刻。你也许为这样的领导力时刻着迷,但其他人可能并没有这样的感觉。

保罗·瓦利告诉我,在公司走廊里,他看到了很多领导力机会:"一次在大厅遇到一位客户,而我正好也有些时间,可以走过去和他聊聊天,让他感觉和我们合作会非常舒心。也许那个客户一两个月后会给我们回电话,这就是一个领导力时刻。或者在公司走廊看到了自己的雇员,那么可以向他微笑,称呼他的名字,也可以邀请他到办公室问问他周末有什么安排,只需要一点点时间就可以展示领导力。领导者的直率以及和员工的联结将使大家产生参与感。我的愿景是员工拥有快乐、有参与感和有生产力。"

当领导者的意愿会使你朝着目标迈进,与外部客户、员工、同事和内部客户积极建立联系,但这并不是说无论在走廊看见谁都要说话,无论乘电梯遇到哪位主管都一一沟通。正如巴特·埃格纳尔所说:"很多领导者对即兴时刻有误解,虽然每一次互动都是一个潜在的领导力时刻,但这并不是说每一次互动都应该成为领导力时刻。事实不是这样的，领导力时刻需要选择。"

　　睿智的领导者知道什么时候应当抓住领导力时刻，以下为读者列出了确定最佳领导力时刻的方法。

选择合适的时间和地点

　　选择合适的时间。首先，在分享自己的想法时不能太赶早但也不能让人等太久。雅虎 CEO 玛丽莎·梅耶尔（Marissa Mayer）给大家提供了一个"枪还没响就抢跑"的例子。2016 年 1 月，那时在雅虎公司内已经有一些关于裁员的谣言，她却在公司全体会议中幽默地说"本周不会裁员"。[51] 一个月后，公司宣布裁员 1 500 人。显然，她选择了在错误的时机和大家谈论敏感话题（再幽默也没用），回想当时她的讲话大大挫伤了公司员工的士气。

　　另一方面，让员工等待太长时间才告知公司计划会导致谣言横行，给员工带来更多的困惑。帕特里克·兰西奥尼在其《优势》（*The Advantages*）一书中写道："世界上有不少组织，虽然员工可以获得更多的时事通讯、可以进入交互式网站以及参加他们不想参加的太多的会议，但员工身在其中却感觉处于黑暗之中，对组织的任何变化都毫不知情。"[52] 让员工知情非常重要，不管是公司决定、新的指令，还是团队新成员的加入。

　　选择适宜的地点。公共空间不适合谈论敏感话题。有位经理人，他的团队中有一位成员经常迟到，对此他感到非常恼火。一天早上，已经 9:15 了，这位经理在大厅看到了这名爱迟到的职员，他才来。这位经理冷嘲热讽地说："又迟到了，菲尔？"公司大厅属于公共场所，显然选择公共空间谈论某位员工的迟到问题非常不合适。在公共场合，彼此都无法充分讨论问题，而且这种随口而出的话只会加剧本来就很紧张的气氛。最好的处理办法是闭门谈论。

整理思路

杰出的即兴演讲者不会在讲话中用"嗯""啊"，他们的演讲从一开始就思路清晰。几年前，某国一位年轻的总理在就职仪式上表现出了很强的思路整理能力，当媒体问及"为什么拥有一个性别平衡的内阁会如此重要"时，他以果断的口吻回应："因为这是 2015 年。"[53] 这样的回答将他与年轻一代联系在了一起，并凸显了他对性别平等的承诺。他的这句回应被疯狂传播，并为他赢得了作为领导者反应快速、头脑敏锐的美誉。

一般在政府发布重大公告后，媒体会问很多问题，因此政治家及其工作人员通常会投入大量的时间准备和演练如何回应。对于上述提到的活动，这位年轻的总理和他的顾问团队一定也想到了会有人就新内阁性别平衡问题发问，也极有可能顾问团队为他准备了出色的回应。而在现实中，你不一定拥有这位年轻的总理妙语连珠式的口才，但至少在讲话前应该想一想。

对于即兴演讲者来说，这可能是最艰巨的挑战，毕竟在即兴时刻，你可能只有几秒时间整理思路。面对这种情形，很多人都有一种倾向，会一股脑地把所思所想都倾泻出来（也许叫作"信息倾泻"更合适）。更糟糕的是，有些想法不如不说，诸如对他人的批评或是对当下正在讨论的话题的一些不成熟的见解，都属于需要严加控制的有害言论。对此，最好的解决办法是，想好再说。

获得观众充分的注意力

如果你在发表讲话，员工却不认真倾听，那么你就不可能展示领导力。即便你的讲话内容很有分量，即便你感觉到听众已经注意到你要讲话了，你也不能马上就讲，应当短暂等待一下，直到获得全场的注意力。开展对话时环境不一定非要私密（比如在办公室等封闭空间），可以在走廊、咖啡厅或会议室进行对话，关键是你要获得关注后才能开始说话。

一位人力资源专业人士告诉我，有一次，她在自助餐厅发现了一个展现领导力的机会。当时她刚刚结束公司领导力培训课程（为期一周的培训带给她很多学习和成长的机会）。在自助餐厅排队吃饭时，她发现自己正站在赞助这项培训计划的高级主管旁边。于是，她和那位主管说："我刚刚从公司领导力训练营回来，我感觉说多少都无法表达我的谢意，感谢你资助了这个计划。"接下来两人之间迸发了真诚的对话和沟通，而那个领导力时刻在她后来的职业生涯中发挥了重要作用。

会议发言同样如此，一定要等到吸引全场观众的注意力后再讲话。获得关注的过程比较有挑战性，首先需要调整自己，让自己保持在预备状态中，当对话暂停后，马上抓住机会开始讲话。而一旦开始讲话，就一定要语气坚定，并继续抓住大家的注意力，比如你可以这么说，"有些重要的事情要和大家说"。放心，观众会接受你的暗示，全然跟着你的思路走。

获得全场关注最具挑战的情况是开电话会议。有位客户曾经和我分享她经历的一次颇为沮丧的电话会议。那时，她在蒙特利尔和遥远的听众们讨论计划。一些人在拉斯维加斯，参加会议的时候正在会议室吃早餐；一些人在纽约，当时正忙着新闻发布；还有一些人在印度，还好，他们正在听。在这样的会议环境中，她该怎么做才能确保每个人都在听呢？

在这种场合，除了以响亮而清晰的声音说话，还应当通过对话与参会者互动。如果你遇到上述情况，一定要对参会者直呼其名，比如"吉姆，我知道这种方法能满足你的需要"，或者是大声对某个团队喊话"你们纽约的人会感谢这个提议"，还可以提出问题让听众参与，例如问大家"有多少人遇到过这种挑战"。这些技巧在面对面的会议中也非常实用，当然，对电话会议来说尤其重要。

谈话内容要有价值

每次举手示意想发言或想张口说话时，确保自己有话可说，并且所讲内容值得大家关注，除此之外，发言也应符合你的身份。如果感觉没有实质性内容可分享，最好先别说，听听别人怎么说。

亚伯拉罕·林肯是近代最著名的演讲家之一，全世界都知道他精雕细琢、令人难忘的葛底斯堡演讲。林肯的即兴讲话也非常具有表现力，不过他只在感觉内容有价值的情况下才会讲。在著名的葛底斯堡演讲前夜，人们列队街头，要林肯说几句话，他回答说："同胞们，我出现在你们的面前，只为了感谢你们的赞美……我没有什么要讲的话，作为总统，重要的是不说任何愚蠢的话。"[54]

对于不熟练的即兴演讲者来说，常听到的抱怨是他们"喜欢自己的声音""空话连篇"。我曾指导过一个人，他在同事间有"侃爷"的美誉，大家称他"安德鲁·吹牛"（Andrew Blowhard）。大家都不想让他在会议上发言，因此故意不问他任何问题，而他一旦抓住机会开始喋喋不休，大家马上就会翻白眼。

领导者不会浪费别人的时间，他们讲话清晰明确、充满热情并切中要害。任何时候，如果有人提出及时的想法、提供有说服力的案例或感染他人采取行动，那么这个人的话就是"有价值"的。讲话不一定总是从主管到员工，经理人、分析师或行政助理也可以讲话，当他们有好点子并知道如何清楚地解释给听众时，都可以和大家即时分享。

成功只会发生在那些相信自己的想法并进一步推动的人身上。当你做出宝贵的贡献后，你会发现渴求知识的主管正热切地看着你，等待倾听你更多的分享。

建立关系

抓住领导力时刻会构建更加稳固的关系，不管是与同事、老板、导师、客户，还是与你社交圈子里的某个人。一位年轻女士告诉我，她想与某位内部客户建立关系，于是她改变了每天早上走到自己办公桌前的路线，这样她就能路过那位客户的办公桌。每天她都会微笑着对那位客户说："早上好。"起初那位客户没有什么反应，但渐渐地，她的微笑得到了回应。之后，她再添加谈话内容，比如"周末过得好吗"或者"我们哪天一起吃午饭吧"，客户开始点头表示同意。这些对话带来的是更温暖、更富成效的关系。

作为领导者，建立关系还包括识别那些需要被重视的人。一位副总裁告诉我："我和同事或年轻员工一起乘电梯时，会问'事情怎么样啦''在做什么新任务''喜欢目前的工作吗'。我想告诉他们，我对他们做的事感兴趣。这是与他们建立关系也是展现领导力的机会。"

需要注意的是，不要在领导力时刻让对话"超负荷"，正如巴特·埃格纳尔所解释的："如果你刚刚花了一整天的时间和团队讨论战略，那么吃晚餐的时候就别再谈论战略问题了；如果你刚刚向 CEO 介绍了投资方案，茶歇的时候就饶了她，别再给她讲投资的关键信息了。我们应当知道什么时候听众能接收信息，什么时候不能。"

面对面沟通

面对面沟通远比其他沟通方式（不管是手写信、电子邮件还是社交媒体）更为有效。所以，如果你是领导者，尽你所能面对你的倾听者。

一家大型银行股权资本市场董事总经理玛丽·维图格（Mary Vitug）对我说："当今商界非常重视不见面的沟通，无论电子邮件、文本还是电话。这使得面对面沟通变得更为重要，只有面对面沟通，人们才可以更好地交流感情、建立信任。通过面对面沟通，我们才有机会让客户感知我们对他们的重视。在我们公司，职员绝不会忽视这些潜在的领导力时刻。"

获得高管或经理信任的最好的办法是面对面沟通，这是菲尔·梅斯曼（Phil Mesman）的建议。他在一家名为 Picton Mahoney 的加拿大资产管理公司担任投资组合经理兼合伙人。他向我解释说，有一位年轻的分析师找他咨询，问他如何才能在职业生涯中取得进展。梅斯曼对那个年轻人说："你必须面对那个你想施加影响的人，光发送电子邮件是不够的。你必须面对面地、真正地推销自己，让那个人关心你以及你所管理的投资组合。"领导力时刻只会光顾那些有勇气站在决策者面前、自我推销的人。

得体沟通

今天的组织结构已经更加扁平化，但在组织中不管是上下层级还是部门之间，仍然存在办公室政治。这也意味着即兴对话要符合身份且得体。

自下而上的领导可能是最为艰难的一种领导方式，你展现领导意愿时，不能有阿谀奉承的味道，也不能专横跋扈。如果在公司和一位级别比你低的人说话，要温和坦率而不应当傲慢；如果在组织内进行横向沟通，注意不要侵犯别人的领域。

还要记住：一定要小心地尊重别人的立场。我的小儿子本是一家广告公司年轻的艺术总监。他们公司为一家客户设计的广告非常出色，而恰好我认识那家公司的销售负责人（保罗）。

有一天，我对本说："不如你去和保罗喝杯咖啡？他是销售负责人。没准你能挖掘到他们更多的广告需求。"

本回答说："我还是先和老板确认一下吧。"一个星期后，我问他结果如何。他说他没有去找保罗："老板说我们应该让客户经理来处理这方面的关系。他们了解客户，知道所有关键参与者。"

我分享这个故事，是因为在组织中任何人都需要深刻理解权力的界限，不符合身份、不得体的沟通会阻碍职业生涯发展。

意识到“麦克风始终开着”

领导者必须认识到，他们在会议上发表的任何言论，其他人都可能会获悉，即使是闭门会晤。

当你和朋友、同事外出喝酒时，一定要记住“隔墙有耳”，不要说任何你不希望事后被传播的话。即使是对某个同事随意的一句评论，比如“他有问题”，也很容易会被传回办公室。

每位领导者都需要保持这种“麦克风开着”的心态。2016 年，联合技术旗下开利公司（Carrier）的新闻发言人对员工说，公司可能会把 1 400 个工作岗位从美国移到墨西哥。[55] 话刚说完，现场员工的反应非常激烈，他们起哄、呐喊、愤怒。一名员工拍摄了现场员工的反应，结果该视频广为传播。一个本来低调的公司内部公告演变成了具有国际影响的丑闻。

进行任何对话前，都需要假设你所说的话会被墙外的人听到。正如罗莎贝丝·莫斯·坎特（Rosabeth Moss Kanter）对于互联网时代的领导力的探讨：“身处网络文化就像在聚光灯下的玻璃房中生活，而且聚光灯‘7×24’亮着。任何错误马上会被人们看到并被放大。”[56] 事实上，如今政治领导人的即兴评论，正以前所未有的方式，加剧（或改善）着国内冲突、推动着全球市场、塑造着国际关系。有些新闻采访的原声非常有说服力、很打动人心，这些片子在世界各地播放，而其即兴评论也很容易被曲解。要在更广泛的背景下审视、评估每个领导力时刻，重视语言带来的影响。语言可以激发人，也可以威胁人。在麦克风永远开着的世界，语言的力量也凸显了"准备工作"在即兴讲话中的重要性，以及运用本书所提出的技巧的必要性。

一定要有当领导者的意愿并始终处于领导者位置，将每一种情况都视为潜在的领导力时刻，但也要小心，因为不是每一次即兴演讲都能指向成功。本章介绍的指导原则可以让你接近潜在的领导力时刻，浏览并检查要点，如果发现万事俱备，就抓住那个时刻吧。

CHAPTER 4

成为一名听众

斯多葛派哲学家爱比克泰德[57]（Epictetus）观察到："**人有两只耳朵却只有一张嘴巴，因此，我们听的多，它是我们说的两倍。**"这是一个很好的观点。任何想要在即兴交流中脱颖而出的人都必须认识到，倾听是一个赋权过程，它使我们更接近听众。它使我们能够修改自己的评论，并让我们了解自己的评论是如何被接收的。真诚地聆听他人是即兴思维的重要组成部分。

本章所讨论的积极倾听内涵深刻，积极倾听不仅需要"带着耳朵"去听，还需要我们全身心参与。掌握了积极倾听的艺术，你就有能力充分利用即兴时刻。

用你的身体：身体倾听

倾听的第一个层面是身体层面的倾听，但这并不意味着仅仅通过你的耳朵接收信息。当你处于积极倾听的状态中时，你的整个身体都应当参与其中。你的肢体语言会说明你如何与他人相处，并发出信号显示你是否正在倾听他人。

曾经有一位客户，他来找我是因为他总是不受欢迎。我很快就从他的肢体语言中找到了答案。他的双手和双臂在胸前交叉，头和身体转向一侧，说话的时候面部肌肉都不动，这些迹象表明他说话时没有感情，他的全身都在对别人说："我不在乎你的想法，我是老板。"的确，他觉得自己无所不知，别人全都得听他的。正如他所说："每天我的角色就是当'法官'，一个会谈接着另一个会谈。人们带着问题来找我，我必须做出决定，我必须说'是'或'否'。"他认为自己是所有答案的来源，他的肢体语言也显示了他的傲慢。

肢体语言可以使你成为一个更好或更差的沟通者。当我用目光接触你时，我就可以更好地倾听。当我的身体转向你时，你会感觉到我的投入。同样，当我关闭智能手机时，表示我会专心倾听。专注的身体倾听从肢体语言开始，肢体语言会透露你对别人是否感兴趣。放下双手和手臂，将身体朝向你正在与之交谈的人。把头部和身体微微向讲话者前倾。调动自己的声音，使其更具表现力。注视对方的眼睛，即使是小组会议，即使那个人不是在单独和你说话。另外，还要微笑、点头、示好。如果想回应，稍作暂停非常重要，它在告诉对方："我在思考你刚刚说的话。"所有这些身体行为都在表达："我在乎你，我想理解你，我想倾听你。"这些身体行为也会鼓励你把注意力放在对方身上，让你更清楚地了解对方；同时也会鼓励对方更加开诚布公。

有效的倾听还包括读懂对方的肢体语言。如果有人佝偻着、无精打采，这说明你没有打动他们；有人拿起了智能手机，说明他对你的话充耳不闻。观察人们的肢体语言，问自己"他们看起来是在听吗"。如果不是，那么马上改变讲话节奏、声音或信息。这就是即兴的美妙之处，可以随时调整！

身体倾听还包括为谈话创造一个恰当的环境氛围。今天越来越多的公司关注创造更好的倾听空间，设计师詹妮弗·玛格诺菲指出，现在的企业设置了"各式各样的团队互动空间，就像搭建的积木一样，有一对一对话空间、小组讨论空间、大型互动空间等"。[58] 许多领导者也利用开放空间的优势，使员工更容易找到自己。推特共同创始人兼Square（美国软件公司）负责人杰克·多尔西（Jack Dorsey）就是一个很好的例子。在 Square 公司新址，他在"露天平台的正中间"站着办公。正如多尔西所说，"这样的办公方式让员工感觉更容易接近。员工有问题会直接过来找我"。[59] 这样的环境为即兴谈话和有效倾听创造了大量的机会。

要小心物理环境中不利于倾听的种种障碍，其中最大的问题是开放式办公环境中频发的各种干扰。研究显示，员工在每天 8 小时的工作中会发生 50 ~ 60 次工作中断。[60] 这种中断会让员工烦躁，并对他人失去耐心。如果你正在和一名员工进行深度对话，结果另一位员工进来询问你什么时候有空，你们的谈话就不得不中断。因此，在某些情况下，公司会为深度对话设置更为私密的空间，以免外界打扰。

积极的身体倾听还需要消除电子产品的干扰。人们很容易被电脑屏幕上的东西吸引。麦肯锡全球研究院（McKinsey Global Institute）的研究显示：平均来看，我们一天中28％的时间花在电子邮件上，是面对面沟通交流时间的两倍。[61] 电脑不仅减少了人们对话的次数，还会降低对话的质量，尤其是当人们一边看电脑一边说话的时候。手机和电脑相似，根据 Pewn Research（一家研究机构）的一项调查，有手机的年轻人平均每天彼此发送110条短信。[62] 事实上，开会的时候即使你只是瞥了一下手机，别人也会觉得你没有在听（而且，面对现实吧，你就是没有听）。所以，对话的时候需要清理所有令人分心的东西。

总而言之，身体倾听除了要"带着耳朵"，还包括运用肢体语言、创造恰当的倾听环境并消除电子产品的干扰。

用你的大脑：理智倾听

理智倾听是倾听的第二个层面，即全心参与对话、在对话中探索和构建新思想。这一层面的倾听包括创造性地处理其他人或其他小组提出的想法。

理智倾听始于全心关注讲话内容。我们有多少次在会议中发现自己走神，脑子里想的是下一个会议、上一次谈话，甚至是下班后回家干什么。玛丽亚·冈萨雷斯（Maria Gonzalez）在《专注领导力》

（*Mindful Leadership*）一书中写道："即使明确要求关注工作，员工在 50％的时间内依然没有考虑手头的任务。"[63] 冈萨雷斯解释说："大脑如果未经专门训练，对任何事物都无法集中精力，专注时间往往不超过几秒，更不用说几分钟了。"[64] 根据作者的观点，人可以通过冥想或其他方式来提高专注力，只有提高专注力，我们才能在对话中立足于当下。

怎么知道自己是否达到这个状态呢？你的意识和你一起在倾听，你的理智在对话中并没有消失，而是与你听到讲话时的所思所想在一起。加拿大 Loblaws 食品杂货连锁店明白聆听的重要性，以及让员工跟随对话进度的重要性。其高级副总裁伊恩·戈登解释说："我们在组织中大量地讨论如何'守在当下'，如何充分参与会议，以及如何避免打扰（不管是电话还是下一个会议）等。"

保持专注的方法之一是"追踪"他人思路，比如列出讲话者的思路要点或者在讲话过程中做笔记。无论是一对一会议还是小组会议，做笔记都有助于我们的思维保持在讨论内容中，并向他人暗示你重视他正在分享的内容。维珍集团创始人理查德·布兰森表示："有时候你参加一个商务会议，发现没人记笔记，你马上就会明白会后不会有实际行动。如果会议中的 15 个或 20 个决定需要在会后做、需要继续落实，那么记笔记就非常重要。"布兰森继续说道："有些人认为记笔记太低级，那是秘书该做的事，千万别这么想，一定要记笔记。"[65] 记笔记最好的方法是用手记，而不是在电脑上记录。有研究表明，尽管用电脑记录速度更快，但手中的笔却比键盘的功能更为强大。当你用笔记录时，大脑会归纳整理材料，最终让你对会议内容有更深刻的领悟。[66]

理智倾听还涉及探索、引发他人的想法，获取他们的观点。保罗·瓦利对我说："如果开会时，你知道有人对某讨论主题有更好的想法，不妨说'洛林也在场，她正在做这个项目'，还可以说'我对比尔刚刚说的观点非常感兴趣'，要意识到把自己的观点强加给别人并不是优点，而坐下来倾听别人的观点会显得更有风度。"

正如有人说的，要想方设法提出问题从而帮助对方形成自己的观点。例如，你可以这么问："我听说你想采纳一种新思路，为什么？""你是怎么得出这个结论的？""你还考虑过哪些选择？"如果员工的想法缺乏要点，那就帮助他们重塑想法，可以问"你的意思是……"。理智倾听包含特意、有目的、有意向的询问，从而引发更有建设性的对话。甚至有时候，会议的唯一目的就是倾听和探讨。举个例子，有时候我们与客户会面就是为了了解其来年的目标。

理智倾听还需要留意口头线索。首先，在倾听的过程中要注意这样的说法"我想说的是……"，留心讲话者后面"第一""第二""第三"等证据论述。其次，如果有人在讲话中使用"呃""啊"或"有点""也许"等模棱两可的词，说明他的观点还没有完全成熟；如果讲话者使用语气坚定的词"我相信""我知道"，表明他确信这些观点。最后，在对话过程中寻找"漏洞"，比如讲话者后来讲述的情况与开始讲的不一致或是重要信息明显缺失，那么就需要提醒讲话者填补这些信息"缺口"。

最好还要精心策划一些讨论，以便将大家的观点协调一致。你不必亲自去做组织工作，但需要你发挥领导力、听取大家的不同意见、串联大家的观点，然后带领大家在综合所有观点的基础上，进行更高层次的思考。你可以这么说："我知道斯蒂芬妮的观点出处，的确，詹姆斯这么说过，这两个想法相互关联，他们都建议进行这项投资，但要小心谨慎。"或者你还可以这么说："在座的各位目标都一样，希望这个项目能够有一个最佳起点。我建议，就按今天讨论的决定开展工作，顺序如下……"

通过全心倾听、综合大家的观点来引领小组讨论的能力是一种巨大的财富。当前的组织机构都希望他们的顶尖人物也具备这样的能力。一位 CEO 告诉我，他的一个小组成员"在引领与审计委员会的对话中，表现得困难重重。他很容易被对方逼得无法应对，而且在提出要点时声调太弱。他需要学习如何引发辩论、如何对话以及如何达成共识。在会议上，他需要从别人的发言中提取相关问题，然后帮助小组解决这些问题"。

我问："你希望他怎么做？"

这位 CEO 回答说："他能够围绕日常工作事项发起强有力的对话；他能为团队提出有独特见地、有深度的问题；他有能力在会议上让大家达成共识，让大家认可季度审计评估；他不再认为自己是一个'专家'，而将自己视为众人观点的'合成器'，从而领导团队协作性思考并达成目标。"

这也是任何领导者在会议上需要拥有的技能。这种有目的的探索涉及综合性思考、协作、达成共识和采取行动，它是理智倾听的最高形式。

用你的心：有感情地倾听

倾听的第三个层面涉及与他人情感上的联结，同时不让自己的感受妨碍有效倾听。往往员工会认为这种"同理心"非常重要，而领导者却常常低估它。《经济学人》（The Economist）开展的一次全球调查发现：高管们经常会把技术和金融作为他们寻求改进的两个领域；而职位较低的职员却认为情商和领导力才应该是老板需要重点提高的。[67]显然，员工希望领导者更加敏感。有感情的倾听从点头或说"是""我明白"开始，但并不止于此。通过使用诸如"我能明白你为什么这样认为"或者"这对你来说是一个困难的决定"等话语来表达同情心，这样的语言会鼓励他人打开心扉，更多地分享感受，而不仅仅是分享想法和观点。

有感情的倾听还涉及理解讲话者的非语言线索。这类线索可以通过很多方法获取，比如研究对方的面部表情、倾听他们说话的语调、观察他们的肢体语言、体会他们此刻的感受，等等。假设你正和老板谈话，他接到了另一位高管打来的电话，你看到他在通话中变得有些焦虑、语调激动。通话结束后，你观察到他有点烦躁、心不在焉（你如果没发现这些变化，那么接下来的谈话很可能不得要领）。此时，你最好问他："要不我们先到这里，以后再谈？"这样做你就是在表达：你了解他（即使他说"不用，我们继续吧"）。你表明你在有感情地倾听，没准他会和你分享刚才的电话内容。

给大家举一个有感情地倾听的正面案例。在我们公司的一次管理会上，一个颇受质疑的问题即将得到解决，但会场有个人双臂交叉，有点垂头丧气。然后有人问他："你对这个决定是不是感觉不太满意？你感觉满意对我们很重要。"结果引发了另一个层面的对话，虽然参与者还是原来这些人，但我们对问题做了更深入的探究，努力使每个人都站在同一战线上。最后，我们找到了更好的办法。这个例子给我们的启发是：会谈的时候，要仔细留意在场的每个人，让自己有感情地倾听，最后的决定要确保获得每个人的支持。有时候有些人不想拖延公司决定就保持沉默，但不说话恰恰表明他们可能不同意，遇到这种情况可以这么说："我们先等一下……我想琳恩对这个建议可能有不同的感觉。"最终，由于你的引导，会议往往会有更好的结果。

还有一些语言上的线索值得注意，如果你在有感情地倾听，你就会很容易理解它们。比如，一名员工说："我对加薪感到高兴。"你可以认为他的确高兴，或者这只是表示他"支持这个决定"，意味着你有一个盟友。但有时需要拆解分析，才能真正理解讲话者背后真正的感受。例如，有人说"怎么着都行"，这个人真正的意思是"我知道你不会在乎我的感受"。又如，"无意冒犯"的通常意思是"小心点，我会表现出对你的冒犯"。再如，"我会顺其自然"，意思是"我不喜欢这个决定，但我不打算去争辩了"。

当发现有人没有表现出自己的真实感受时，理解他们的感受非常重要，同时需要进一步探究问题。这里给大家提供询问探索性问题的正面例子。

- "你对这种情况感觉如何？"
- "你有其他更好的想法吗？"
- "我觉得你对这个决定有疑虑。"
- "你能再多说一些吗？"
- "你赞同这个项目吗？"
- "有没有我还没注意到的问题？"

一旦你知道对方的感受，就要有所回应（而不是反应）。我们听到一些自己不喜欢的东西时，很容易有情绪反应。一定要记住苏斯博士（Dr. Seuss）在《老雷斯的故事》（The Lorax）中说的话，"除非有人像你这样关心，否则一切都不会好起来，不会的"。[68]

即使有人做了一些冒犯你的事，你也需要超越这件事，不要启动情绪反应，否则只会造成更多的压力和抵触。聆听并尝试理解对方的动机。这里给大家介绍一个如何周全回应的例子。这个例子是我的一个客户——一位投资金融机构的负责人告诉我的。

> 我的一个团队成员提出了辞职，他在工作中的表现不太好，但我也有责任。那天，他走进我的办公室对我说："我决定辞职！"事情很突然，我究竟该怎么处理？我不想愤怒地回应，也不想说我在他身上投入了太多的时间和精力，虽然事实的确如此。我也不想生气地说："我简直不能相信你要辞职！"相反，在确定自己控制好情绪后，我问他为什么要辞职，我对他提出的每个原因（不管是文化、工作量还是其他）都一一予以回应。然后我说我完全能理解他的感受，虽然我会更喜欢不同的结果。不管怎样，我敬佩他的勇气和自信。我们的对话取得了双赢，我没有让他感觉自己很糟糕，而我也从他那里得到了建设性的反馈，让我在未来可以把工作做得更好。

事实上，上述这种即兴时刻很可能演变为一场"意志冲突"。"辞职话题"本身令人心烦，老板很容易情绪化。但这位老板尝试去理解辞职背后员工的感受。如果有人带着情绪来会谈，我们面临两个选择：（1）在同一层次上与他对话，使谈话成为一场战斗；（2）如上述案例一样，努力找到共同的对话基础，针对问题本身开展对话。通过使用后一种方法，你将会构建更有建设性的对话，并将谈话推向更高层次。在小组会议中，如果有人情绪爆发，我们首先需要承认这些情绪的存在，你可以这么说："大家有不少情绪，但我们不该让感性掌控我们的理性、智慧以及判断力。"

　　倾听是一个高强度的创作过程，无论是身体的、理智的倾听，还是情感的倾听。引领当下所需要的一部分知识存在于你周围人的身上，正是他们的想法、观察、建议、恐惧、目标和激情引发了你的回应。人们不会轻易跟随一个人，除非他们相信那个人真的理解他们。领导力思维必须包含倾听的欲望和倾听的能力。

5

保持真实

詹姆斯·库泽斯（James Kouzes）和巴里·波斯纳（Barry Posner）在他们的《信誉》（*Credibility*）一书中提到，可信是领导力的基础。他们解释说："人们只有信任领导者，才会跟随领导者。"[69]

构建信任需要基于真实性领导力，即在所有即兴对话中保持真实性、开放性。真实的领导者在私人的层面与公众建立联系，这包括分享他们的当下、想法、信念、感受、脆弱和故事。今天的世界，人们持续地进行着个人交流，没人愿意听不真诚、虚假或不带感情的讲话。人们期望的比原来更多，而领导者也可以给予更多。即兴对话冲破了传统组织规则的约束，是判断人是否具有真实性的最佳途径。

什么是真实性领导力

"真实性"是当今一个热词，亚当·格兰特（Adam Grant）在《纽约时报》的一篇文章中写道："我们处于真实性时代，在生命、爱情和职业生涯中'做自己'都是最重要的忠告……我们希望过上真实的生活，嫁给真实的伴侣，为真实的老板工作，并为真实的总统投票。"[70]

我们当然得做真实的自己。

但真实性的含义是什么？"真实性"（authenticity）这个词来源于希腊语 authentikos，指的是"原创的"或"坦率的"。[71] 当我们分享内心的想法以及源于我们内在的观点和看法时，我们就是在表达自己的真实性。真实性不是一种状态，而是一种自我表达行为。正如罗布·戈菲（Rob Goffee）和加雷思·琼斯（Gareth Jones）在《你凭什么领导别人》（*Why Should Anyone Be Led by You?*）一书中所述，"在与他人的关系中，真实性被放大。真实性不仅仅是个体属性"。[72] 通过分享这种特质，我们表达我们的真实性。

那么，什么是真实性领导力呢？它指分享定义我们自己、属于我们自己的那些真实特征，包括拥有领导意愿，倾听、尊重他人的观点和尊严，等等。但还不止于此，它还需要具有代表最佳领导力的价值观和信念（这也是本书第二部分所讨论的特征）。如果你处于领导者位置，但却缺乏这些品质，喜欢一股脑将心里所想的都说出来，这也许体现了你个性中真实的天性，但不属于真实性领导力。

在谈到即兴对话时，真实性领导力究竟会带来什么影响？今天的即兴交流新时代为人们提供了大量展示自己的机会，成功的领导者通过分享他们的所知、所信、所感和所做来激发、感染他人。

人们渴望真实性领导力。在扁平组织中，没有传统等级制度和规则的约束，人们寻找榜样、汲取教训并渴望真相。在日常对话中，你有机会找到并展现真实的自己，并把他人变为你的追随者。

展示真实性的策略

有很多方法可以展示真实自我。接下来的六个方法将使你触及真实的自己。

第一，真实地处于当下。凸显真实性，首先需要你保持在当下。这远不是指你在会议现场，或与说话的人面对面，或从智能手机上看到有人问"你有一分钟时间吗"。保持在当下是指你要守在"那一时刻"，把心放在那个时刻，开诚布公地对话，以及跟与你对话的人建立紧密联系。

肢体语言会反映你是否真实地处于当下。如果你在大厅看到某个人并问"怎么样了"，却没有停留片刻倾听回应，那不算真实地处于当下。如果你还是问同样的问题，但之后你停下来，看着对方的眼睛，等待答复，那么你表现的就是真诚。同样，如果别人和你说话，你却低着头、心不在焉、疲惫不堪，那么你的身体动作就表明你没有真正处于对话中，你真实的自我游离在别处，你和你的同事都无法触及真实的你。

在电话会议中，对方正在讲话，而你在查看邮件，这说明你没有完全在场。你可能会认为别人又不会知道我在干什么，但他们能从你的语气中听出你是否处于当下。所以，要做到真实地处于当下。

第二，分享你的想法。 真实性意味着有勇气分享你的观点和看法。人们不这样做的原因有很多：有些人觉得随声附和他人的观点比较容易，而且重复别人的观点可以避免他人的挑战；有些人则可能感觉"集体言论"更安全，而不愿意透露自己的观点；当然还有一些人不知道自己有什么想法。的确，一些组织允许甚至鼓励员工不要思考、不要有想法，尤其是那些自上而下、集体思维占上风的组织。真实的想法来自人们内心深处，是原创的、大胆的想法，是需要领导者深入探究才能挖掘到的想法。

特斯拉汽车 CEO 埃隆·马斯克是一位勇于思考的领导者，他不断与员工、投资者、商界和公众分享自己的想法。尽管有反对者，但他依旧忠于自己的思想，不断证明怀疑者的错误。正如他在接受采访时所说的以下这段话。

"他们说，'你不可能生产出电动车'，结果我们做到了。然后他们又说，'没有人会买的'，结果人们买了。后来我们宣布 S 设计上线，被很多人称之为'狗屁'。这真的很荒谬，事实上我们有能力将其推向市场。当把它推向市场的时候，他们说，'你永远都不可能增加产量'，而我们做到了。他们又说，'你永远无法获利'，我们却在第一季度就获利了。所以，如果你观察的话，就会发现其中有一个规律。"[73]

上述整段描述跌宕起伏，而他的思想却坚如磐石，整个起伏背后是马斯克强大的信念——自己的想法必胜、他和公司必胜。这样的信念非常重要，无论是销售产品、推广策略，还是指导下属或团队，记住你的思想非常重要。

第三，分享你的信念和价值观。真实的领导者用自己的信念和价值观影响、激励他人，比尔·盖茨就是一位真实的领导者。西蒙·斯涅克（Simon Sinek）在《从"为什么"开始》（*Start with Why*）一书中，对盖茨和史蒂夫·鲍尔默（Steve Ballmer）作了比较，大家知道鲍尔默是继盖茨之后的微软 CEO。斯涅克认为，虽然鲍尔默充满活力，但盖茨却拥有更深沉的魅力，在他和听众所分享的信念中体现了这种魅力。乍看之下，盖茨比较"害羞和难为情"，但人们"却喜欢抓住他的每句话、每个词……那些听过他讲话的人，往往会数星期、数月甚至数年回味他的话"。[74]斯涅克认为，盖茨的魅力不可抗拒，他不愿意商业炒作而只愿意做真实的自己，并与他人分享自己的信念及其他的东西。

想发掘自己内心深处潜藏的信念，可以遵循罗莎贝丝·莫斯·坎特在其《进化》（*Evolve!*）一书中提供的指导。在书中她建议询问自己如下问题："我是否对这个需求有强烈的意愿？我确信这可以完成吗？当我谈论它时感觉兴奋、热情吗？我愿以信誉承诺行动吗？我愿意即使历经艰难险阻也要坚持到底吗？我愿意为之做出牺牲吗？"[75]这些问题以及肯定地回答这些问题的能力，将塑造你的沟通方式，使你成为一个真实可信的领导者。

我的同事詹姆斯·拉姆齐（James Ramsay）是汉弗莱集团资深合伙人，他告诉我说，他在指导客户时，会不断把客户的想法拉回到他们的信念上。正如他所解释的那样："我要求他们写出自己的五个信念，然后对他们说'我们一起来探索一下每个信念'。这也给了他们回答上述几个问题并真实地讲出自己想法的机会。"这种内在探索对所有领导者来说都至关重要，因为当你讲话的时候，听众能够感知你是否相信自己所说的话，如果连你自己都不相信，听众当然也不会相信。

第四，分享你的感受。真正的领导者会分享他们的感受并且对他们的听众保持敏感。

如果像木头人一样毫无感情地宣布公司重组或公司裁员等重大决定，你和公司都会被员工认为冷漠无情。在这种情况下要展现关心员工的"真实自我"，首先要将人力资源发布的公司重组文件改成用自己的语言能解释的内容。当见到团队成员时要保持对他们的敏感，不要用"糖衣"包裹问题。解释完公司决策后，要对离职员工做出的贡献表示感谢。

还要小心表现过度。有人曾向我讲述，有一位高管在讨论团队生产的产品质量低劣时，竟然在讲台上泪流满面，他的这种反应与问题不太相称，而观众也并没有被打动。相反，由于他的表现并不真诚，他的领导力大打折扣。真实性不容易做到，我们必须表现出情感但又不能太情绪化，以致让人觉得是在表演。

分享感受的一个重要途径是，向你的工作、团队成绩、好的想法、你的愿景和团队成员展示热情。使用正确的语言表达激情会让人心潮澎湃，正如一位客户告诉我的那样，"我得到了很多人的反馈，他们欣赏我对工作的热情"。

但是，不要将激情变为负面发泄，对那些不符合期望或没有感受到你的激情的人，你要过滤掉这些负面情绪。史蒂夫·乔布斯承认他虽已尽其所能，但仍缺乏对负面情绪的过滤能力。当传记作者沃尔特·艾萨克森问他为什么对别人如此苛刻的时候，他回答说："我就是这样的人，别指望我成为别人，不可能。"[76] 真正的领导者不仅要做自己，更要表现出积极正面、鼓舞激励他人的热情，并过滤掉那些可能挫伤他人积极性的破坏性情绪。

第五，分享你的脆弱。真正的领导者直面自己的优点和缺点。《优势》的作者帕特里克·兰西奥尼在书中写道："信任对建立一个优秀的团队必不可少，这种信任我称之为'基于脆弱性的信任'。这样的信任建立后，团队成员就能保持透明、诚实并坦承自己的真实想法，比如'我搞砸了''我需要帮助''你的想法比我的好''我希望能像你一样学会这样做'，甚至'对不起'。"[77]

要愿意分享自己的脆弱，当然这种脆弱不能削弱你的领导力。分享脆弱是分享关于不安全感、不足或失误的感受，这和削弱领导力之间有明显的区别。比方说，如果在公开场合发表演讲时，你向听众坦承你不喜欢公开演讲，这就是削弱领导力的做法；但如果你向一位同事说，演讲对你而言从来就不是一件容易的事，但因为想要学习演讲技巧，所以你刚刚接受了一个演讲邀请，这就是在分享脆弱。

真正的领导者，不会羞于在团队成员或其他人面前承认自己的脆弱。杰夫·贝佐斯（Jeff Bezos）曾经对亚马逊第一批投资人说："我认为我们有70%的可能性会赔光，所以除非你能够承担损失，否则不要投资。"[78] 为什么要这样说呢？贝佐斯在1994年创立亚马逊时，电子商务还处于初级发展阶段，他知道公司失败的可能性很大，于是和大家坦承了这件事。

分享脆弱有三个好处：首先，它会让别人感觉你更可亲，我们在人生中都有"命中和失手"的时候，关于你脆弱的故事会让听到的每个人都产生共鸣；其次，分享自己的不足会让你感觉良好，因为你会看到人们仍然尊重你、相信你；最后，通过主动分享，你将能够建立一个更好的团队，因为你会发现自己无法一个人完成全部工作。

分享脆弱包含的内容林林总总，比如坦承自己不能解决所有的问题。加拿大全球信息技术公司（Canadian Global Information Technology Company，CGI）的信息主管斯图尔特·福曼（Stuart Forman）告诉我："在为新任经理举办的一次培训班上，我应邀讲话，会场有400多人。在问答环节中，我说，'我喜欢这个问题，但我今天没有答案，我回去再想想，我会回复你的'。"福曼解释说："这对我来说是保持真实性的一部分，过去我很担心他们怎么看我，现在我明白说'不知道'并没什么。"

第六，分享你的故事。对你的雇主、老板、团队、同事、客户或朋友来说，没有什么比分享一个鼓舞人心的故事更能让大家对你产生亲密感。如果是面试，非常适合讲如何应对工作挑战的故事。雇主越来越看重这样的个人经历。电子商务软件开发商 Shopify 的 CEO 托比·卢克（Tobi Lütke）说："我们的招聘过程几乎完全是在听应聘者的人生故事，我们寻找应聘者做出重要决定的那些时刻，然后继续深入对话。"[79] 所以，如果你正在申请一份工作，准备好讲述你最精彩的职场故事。

听众对于职业故事或个人家庭故事会产生共鸣。推特与 Square 的 CEO 杰克·多尔西在和一群学生对话时说："我父母是使用推特的第一批人。"他解释说："我妈妈认为推特就是短信，是联系我和家人的好办法。她觉得这是一个私人平台，所以她在推特上竟然对我的兄弟大喊大叫，'杰克，什么时候你才回家啊'。后来她意识到，哦，这是公开平台！"会场里的每个人都忍不住笑了起来，回忆着自己妈妈发生的类似的事情。[80]

商业经验教训的故事也非常好。伊恩·戈登负责监管 Loblaws 食品杂货连锁店的所有产品线。他们公司有"让我们聊天"活动，他经常在这种针对 8 ~ 10 名员工的活动中给大家讲故事。"他们喜欢听故事，"戈登说，"他们真的很喜欢我早年在菲多利工作的故事。"以下是他讲给我的故事。

> 大学毕业后，我驾驶着一辆菲多利卡车开始了我的生意。我早上 5:30 就起床，一直工作到晚上 8:00。我和各种各样的店主合作，和他们谈论公司产品。当时我们有一个名为 Tostitos 的莎莎酱产品（现在仍然有）。那时候总部市场营销人员决定，每年通过组织一次竞赛进行市场宣传。他们认为如果把竞赛规则贴在莎莎酱外包装的空白处可以省不少钱，但原本顾客透过那个空白处可以看到瓶子里的酱，如今在空白处贴上竞赛规则，顾客就无法看到瓶子里的酱了。后来，每年市场部举办竞赛期间，莎莎酱的销售额就会直线下降；竞赛结束后，销售额又会回升。很多商店的老板都发现了这个问题并告诉我，但总部对此没有行动。我从这个经验中学习到，我们应该倾听客户的意见。现在我作为 Loblaws 公司的高级副总裁，始终在倾听客户的意见。

每个人都可以成为一个真正的领导者，但别指望轻而易举就能实现。沃伦·本尼斯（Warren Bennis）在《成为领导者》（*On Becoming a Leader*）一书中写道："如果认识自己、做自己像人们谈论的一样容易，就不会有那么多人用模仿他人的姿势走来走去，滔滔不绝地谈着'二手想法'，拼命试图融入而不是脱颖而出。"[81] 成为真正的领导者，需要挖掘自己内在的领导力，与同事、队友和朋友分享你的当下、想法、价值观、信念、感受和故事；通过保持自己的真实性，激励鼓舞他人；认识到领导力新时代让我们变得更加温暖、能更多地分享个人信息，并找到乐趣。

第 6 章

保持专注

1944 年 12 月，在比利时小镇巴斯托涅（Bastogne），德国军队包围了美国 101 军空降师。德国人向被围困的美国人发出一封信，告诉他们为什么必须投降。美国司令员安东尼·麦考利夫（Anthony McAuliffe）只用一个词回复了这封信——疯子！美国军官约瑟夫·哈珀（Joseph Harper）上校向德国人用同样简洁的方式传达了这一声明，德国人问他什么意思，哈珀说："意思就是——见鬼去吧。"美国人坚持住了，德军的进攻最终以失败告终。美国人的回复清楚地表明了他们的立场和决心，但凡伟大的领导者都目标明确、意志坚定。

互联网时代的信息超载

当今的每个人都处于信息超载状态，但是在提供信息时思路不够清晰和明确，就会失去听众。在《精简》（*Brief*）中，沟通专家约瑟夫·麦科马克（Joseph McCormack）写道："2008 年，美国人在工作之外获取信息消耗的时间为 1.3 万亿小时，也就是说平均每人每天大约需要 12 小时。"[82] 在工作中，信息需求量更大。大量信息纷至沓来的状态将成为常态，现在每个人不仅是信息消费者，更是信息提供者。脸书创始人扎克伯格评论说："现在，每个拥有脸书账号的人都有发言权，他们可以发布状态更新，也可以推荐链接供感兴趣的朋友阅读。"[83]

信息大量涌入，导致人们注意某一事物的时间越来越短。根据美国国家生物技术信息中心（National Center for Biotechnology Information）的数据，平均注意力时间已经从 2000 年的 12 秒降至 2013 年的 8 秒。[84]

这比金鱼的注意力还要少 1 秒！[85] 我们短暂的注意力时限为即兴演讲者带来了巨大的挑战，他们不得不每隔 8 秒就把分神的听众拉回来。

此外，信息像汪洋大海淹没着人们的大脑，侵袭着人们的精神空间，当人们开始说话时很难保持明确的主题。一天当中有多少次我们听讲话者没完没了地说，而不知道他们究竟想说什么？一位客户曾经和我说，他有一个下属光说完"早上问候"就至少得花 20 分钟。当我们长篇大论时，其他人就会躲着我们，害怕和我们说话。

主题明确与即兴艺术

作为一名人际沟通教练，在过去的 30 年中，我曾与数千位领导者合作。我发现越是那些喜欢脱口而出的人越需要主题明确。我遇到的最具挑战性的情形，是和一位被送到我这里的一家公司的主管合作。用他老板的话说，他被送来的原因是，"他太喜欢说了，他快把我逼疯了，他说啊，不停地说啊，永远都说不到点上"，他的老板问我："你可以让卡尔说话简明扼要吗？"

对我来说这是一个令人兴奋的挑战，于是我说："好。"

当我和卡尔第一次见面时，我发现他口若悬河的习惯已经根深蒂固。也许是遗传造成了这种习惯，他父亲的绰号是"蔓生植物"。我和他一起努力，让他一次又一次地练习用精练的语言表达自己。他每一次的讲话练习都比之前要简短一些，而针对每一段话我们都至少练习五次。

最后，卡尔终于能简明扼要地说话了。实际上他变成了简练的"海报男孩"。他的老板说他的会议发言简短、精练、切题。听到这个消息我异常激动，卡尔也为自己取得的进步感到非常自豪。但当我去找那位老板，和他谈起卡尔取得的重大进步时，老板说："你知道，卡尔还有一个毛病。在我们最近召开的一次 CEO 大会上，他特别想发言，结果他一口气说了 10 条观点。"

在《哈佛商业评论》（*Harvard Business Review*）的一篇文章中，

精神病学家马克·古尔斯顿（Mark Goulston）解释说，很多人都有极其强烈的、想不断说话的感觉，即使没什么可说的。古尔斯顿认为，他们这样做主要有两个原因："第一，所有人都渴望被倾听。第二，在谈论自己的过程中，我们的身体会释放多巴胺，即快乐荷尔蒙。人们喋喋不休，是因为他们对这种快感成瘾。"[86] 唠唠叨叨的人能从讲话中感觉到兴奋。

除了纯粹享受说话带来的快乐，很多人说话没有明确目标，似乎从来没有思考过自己的观点是什么。他们围绕着内容去组织对话，而鉴于内容可以代表无尽的信息，于是他们在这种内容模式下能不停地说下去，没有明确的思路，亦没有形成某种观点。我曾有个客户想面向团队发表正式的市政厅讲话，我问他打算说什么的时候，他用以下"信息倾泻"般的方式进行了回答。

"即使打破脑袋去想，我去那儿也就谈两三件事。我想重点谈的基本上是对这一年的一点点回顾，还有一些我们已经取得的成就，以及一些对明年展望的初步设想。还有，我会准备一个清单或图表，我会说'这是我们所做的最棒的事情'。可能还会讲讲细分项，比如客户满意度；可能还会再选择一个细分项，比如技术创新，或者对于我们团队来说更棒的事。我还会给大家举适用于不同业务组的例子。在结论部分，我会谈目前已经收到的一些反馈和面临的挑战，这也是我们明年的弱点。"

这种意识流的构思方式非常典型，我所合作的很多领导者都有类似问题，他们讲话时都是从一个大题目入手，然后把它分为小题目，再拆分为次小题目，然后引入图表，等等。讲话期间没有沟通、没有争论，自始至终他们做的都是"信息倾泻"。上述那位团队负责人最后竟以负面言论——"明年的弱点"结束。试想一下，这位发言人讲话内容乱得如草垛一般，却迫使听众去寻找其中如针般细小的观点。估计听众也懒得去找答案，会将倾泻给他们的信息直接倒掉。

这种以内容为驱动的讲话方式在即兴谈话中也能见到。比如当有人问一位领导者："你的团队进展如何？"答案可能是一个长长的清单。或者老板问一名员工："我们的项目进展到哪里了？"员工的回答可能是哪些已经完成了、谁做了什么、进展情况如何等信息倾泻式的答案。由于缺乏明确观点，信息倾泻者到总结的时候才会使劲说，"因此，我的观点是""我猜我是说……""更清楚地说……"。

想知道讲话者的观点是否明确，看他们使用赘词（比如"呃""你知道""我的意思是""好吧，在我看来"等）的情况就会略知一二。讲话者在使用这些词和短语时，其实正在琢磨要说什么。即使是最有智慧、最有经验的领导者也会有这种倾向，一位大家评价很高的 CEO 被问到公司的某种技术计划时，他是这么说的："我认为人工智能的可能性非常广泛，我不知道……很难说……呃……我认为这是一个有趣的问题……呃……这可能是一个关键领域，但是我们要做的事还有待观察……我们有人在做这件事。时间会证明一切。"[87]

那么解决办法是什么呢？第一，鼓励自己不要只因为喜欢听自己的声音就说、说、说；第二，避免信息倾泻，要提炼想法。肯尼迪是一位发表观点时主题明确的大师，正如西奥多·索伦森所说："他回答问题总是简明扼要，有的只有一句话，甚至一个词。他会对中子爆炸概率发表看法吗？他会说，不。"[88] 史蒂夫·乔布斯也会把他的演讲提炼成一句话，他告诉那些 MacWorld 2007 的粉丝说："今天苹果将彻底改变电话，原因如下。"

温斯顿·丘吉尔曾经调侃那些讲话主题不明确的人，他说："起床之前，他们不知道自己要讲什么；讲话的时候，不知道自己在说什么；坐下时，不知道自己刚刚讲了什么。"[89]

能否重点突出，关系到即兴讲话的成败。长篇大论或者偏离主题都会失去听众；保持重点突出则可以让听众把注意力放在那些你想让他们知道或关心的事情上。以重点突出的讲话为基础，引领当下力量，能够让听众集中注意力。

CHAPTER 7

50 岁的演员丹尼尔·克雷格（Daniel Craig）已经扮演詹姆斯·邦德（James Bond）十余年，2015 年，他完成了第 4 部邦德电影《幽灵党》（Spectre）的拍摄，该片是"007 系列"第 24 部电影。根据合同条款，他还将再拍摄一部邦德电影，不过他已经获得了一部电视连续剧中的一个角色。当记者问克雷格是否还想扮演邦德的时候，他回答说："我宁愿打破这个玻璃杯割腕自杀也不愿意……现在我最想做的就是改变。"[90]

意识到自己对"邦德特许权"表现得太过无礼，克雷格马上做了一些弥补，后来工作室并没有解雇他。这表明，经验如此丰富的演员在说话时竟然也会抨击自己所扮演的角色，也会偏离正轨，因而即兴发言时我们务必格外小心。大家可以想象一下，如果一名员工公开说"我宁愿割腕自杀也不愿意在这儿多干一年！现在我想做的就是改变"，这句话会带来什么样的影响。

在即兴发言时，人们有时会显示出对工作单位和工作同事的不尊重。这很可能与不久前出现的四个现象相关。首先，和之前相比，人们即兴讲话的机会更多，而先打底稿再讲话的传统方式显然更稳妥一些。其次，社交媒体放大了人们的声音，为人们提供了之前不存在的、可以发泄愤怒或不满的平台。无论是在"油管"（YouTube）上还是在推特上，坏消息似乎比正面报道传播得更快，而这种表达不敬和对抗情绪的方式似乎已被很多人接受。再次，人们更换工作的频率比之前更高，对工作单位没有什么感情，一生忠诚的观念已经成为遥远的记忆。最后，对非法和不道德行为的报道引发了美国人对公司和政府越来越多的批评。

对于一些人来说，表现不敬可能是一种很容易出现的、难以抗拒的反应，但是我们应该极力避免。发泄情绪可能会让你当下感觉好一点，但在别人眼里却非常不好，会损害你的声誉和职业发展。坦率地说，真诚、敞开心扉的讲话并不意味着随心所欲，随着即兴发言变得越来越普遍，随着组织层级和组织界限的模糊，每个人都需要有尊重的意识。

尊重你的组织

真正的领导者对雇主非常尊重，如果这听起来"老派"，那么我们可以把组织看作一个社区，正如詹姆斯·库泽斯和巴里·波斯纳在其《信誉》一书中指出的那样，"只有当人们愿意致力于建设比自己更伟大的东西时，强大的社区、强大而有活力的组织才可能存在"。[91] 对组织的忠诚说明你想致力于更有意义的事情；它表明你很重视你和你的团队、同事、客户及其他利益相关者所在的社区。而作为一个领导者，你应该鼓励其他人相信组织。

尊重组织机构可以有很多种形式，可能是分享公司积极正面或令人兴奋的事情，还可能是与团队针对公司的未来展开鼓舞人心的对话，或向职员提及公司刚刚引入的生育津贴政策。这些交流的特点是真诚、开放、自然、自发，并有利于公司形象。对任何机构来说，这样的沟通都是生存所必需的。

不过，对组织不敬的事情经常会发生。在招聘面试中，当求职者被问及为什么离开前一个雇主时，如果你说"那个公司没有足够的个人成长机会"，那么面试官可能会推测你批评新公司也是早晚的事。最好这么回答："原来的公司给了我一个非常好的历练机会，只是我觉得是时候改变自己了，我需要一份像这样的新工作。"

毁坏公司名誉还有很多其他形式，比如抱怨公司不给升职、不给加薪、不提供项目或客户资源等，遇到这些情形时，你很容易放松警惕，加入抱怨的阵营。这样的抱怨会逐渐损毁公司的声誉，不仅员工之间互相抱怨会损害公司声誉，员工对外界抱怨也会损害公司声誉。

毫无防备的在线对话同样会对公司造成损害。社交媒体不是分享抱怨的地方。我最近看到有人在推特上说，"我曾经为一个'灵魂被毁'的制药公司工作，那个行业有很多问题"。未来的雇主或客户可能会看到他的这条信息，他也很可能会因此被未来的雇主解雇。我们一旦发布批评公司的言论，那个信息就会被许多人看到，即使你匿名发布，黑客也可以揭示发帖人的真实身份。因此，正面支持公司永远都是更好的策略。

尊重你的管理者

即兴发言时一定要避免对上司或管理层的不敬。现在的组织可能比之前更扁平化，但表达尊重仍然是员工最可贵的品质。Mic 是一个由千禧一代创造的互联网新闻公司。《纽约时报》上有一篇关于 Mic 的文章，讲述了一位年轻员工由于在公司对高管不敬而职场失利的经历。[92] 当时，公司 CEO 克里斯·阿尔特奇克（Chris Altchek）刚刚针对员工提出的将某个特殊的假期纳入 Mic 灵活休假政策作了积极回应。

当时，阿尔特奇克对《泰晤士报》的记者说："包容和尊重对 Mic 来说非常重要。"公司有一位员工对这样的陈述不满意，认为这不足以表达诚意。在小组会上，她指责阿尔特奇克，说有一个该说的词没有说出来。

"是什么词？"阿尔特奇克问。

"是'对不起'，"她说，"我没有听到你对此道歉。"

当着大家的面指责老板的过错，这位员工光顾着享受即兴的痛快感觉，而忘记考虑不尊重别人会对自己产生的影响，后来那位员工不在公司工作了。现在的企业文化变得更为宽松，交流也变得更加自然、自发，但依然需要敏感性。

对管理层的尊重应该是什么样子的？每当我想到这个问题的时候，我就会想起黑莓公司高级人力资源业务合作伙伴（HRBP）经理玛丽·亨特（Mary Hundt），她在黑莓已经工作数十年。她公开承认黑莓面临着挑战，但她尊重CEO约翰·陈（John Chen），认为约翰·陈和他带领的高级管理团队正在使公司变得更好。她说："我们相信我们的领导者将带领我们渡过难关，而不相信公司领导者的人会传递负面信息，这将降低我们的士气。"

尊重高级管理层是否意味着拍上司马屁？一点也不是。最好的员工并不是那些擅长阿谀奉承的员工，而是与上司进行建设性地互动的员工，这并不意味着对老板进行猛烈批评，这只会缩短你在一家公司的工作年限。尊重管理层意味着知无不言、提出新观点、提出有利于公司和老板实现目标的建议。此外，非常重要的一点是，尊重管理层还意味着能够理解自己提出的想法并不总是会被采纳。当领导者支持高级管理层时，他们显示出对高管的尊重并鼓励他人也这样做，这样会形成一个更强大、更团结的组织。

尊重你的同事

成功的领导者是具有团队精神的人，这意味着他们无论说话还是行事都会表达出对团队成员或同事的尊重。尊重别人的人是指在会议上倾听别人的意见、不在别人谈话的时候打断他们、可以委以机密信息、总是宽宏大量以及积极正面地评论别人的人。他们给他人的观感和感觉都很好。

曾经有一位客户来找我，原因是她发现自己和公司同事经常陷入攻击性对话。她说："因为我到了公司后他们感觉受到了威胁，所以他们对我非常生气，我感觉就像俗话说的，嗨，别抱怨了！这就是生活。"她很难向同事表示尊重，后来我和她一起努力，重新思考即兴讲话的脚本，站在同事的角度而不是自己的角度说话，并且使用了更多的合作性语言。在当今的商业机构中，你需要领导整个组织，如果你希望别人能和你一起工作并跟随你，那么你必须向他们表示尊重。

领导者也会遭遇挑战，因为下属也需要受到尊重。对那些习惯提高声调指责别人错误或缺点的老板来说，这也许很难，但这些习惯性的行为是一种糟糕的引领当下的方式。不尊重下属表现在不信任他们、对他们授权不够。一家大型跨国公司正在进行公司重组，公司副总裁在会议中和下属说："轮到你们了，说说吧，缩小组织规模的最佳途径有哪些，如果你们说不出来，我会帮你们想。"他的意思是他不确定他的团队是否有能力拿出答案，如果他们不能，他就会提出方案。他不仅是在威胁他们，而且根本就不尊重他们。

即使在公司之外，你也要对同事表示尊重。假设你下班后出去喝酒，席间大家提到了公司里的某个同事，表示喜欢或不喜欢这个人。

任何对同事的批评或任何形式的诋毁都会弱化说话者的专业身份。如果你想被视为领导者，就应该避免这样的评论，甚至可以把这些时刻看作领导力时刻，你可以和大家说"咱们换个话题，说点别的"，或者针对被大家轻视的那个同事谈一些你认为他具有的优点。

越来越重要的是，在我们多样的工作环境中，每个人都应该具有尊重不同背景的人的包容性思维。（即使幽默地）嘲笑别人的缺点或迎合偏见都会使人陷入危险境地。房间里有女性员工在场，却把员工统称为"伙计"就是考虑不周。现在正是收回偏见、尊重每个人的时候。

作为领导者，你能做些什么来加强同事和团队成员之间的尊重呢？你可以为公司建立标准。多年前，加拿大有一家林业公司长期业绩不佳，该公司董事会聘用了一位变革型 CEO 来改变公司文化、提高业绩。该 CEO 强调尊重是核心价值观，他明确告知员工，对于背后说长道短或恶语中伤他人的行为，公司实行零容忍。这个规定给公司文化带来了强烈的影响，正如该公司一位前员工所说的那样："这种公司文化让你感觉更安全，感觉自己是有道德的、负责任的公司的一分子。"

尊重你自己

成功的领导者会为自己塑造一种一贯积极、可信的"个人品牌形象"，当他们感到脆弱、疲惫或不安时，他们不会削弱自己。然而，我们却常能听到人们说对自己不利的话。这种自我贬损伤害了自己的形象和名誉。

通常当我演讲或授课的时候，我会要求观众志愿者到前面来接受指导。有一次，有一名女性志愿者走上台来，在 200 名观众面前，练习如何与公司的首席财务官即兴交流。那天，她鼓足了勇气，大家都为她鼓掌。但她 30 秒的对话却充满了对自我的贬损，她是这么说的："嗨，罗布，我是凯伦。你可能不记得我，但我曾经在财务部吃早餐。我不知道你是不是已经意识到，但对我们来说却真是大开眼界。我们法务部的人对财务目标与我们的目标之间的联系一无所知，但现在已经不同。所以，我很高兴我们参加了这个活动。"

一个本应该改变她在财务官眼里地位的对话，她却暗示了以下几层意思：（1）她没有姓氏（一定要用名字和姓氏来介绍自己）；（2）她不值得被人记住；（3）她的团队在会议前处于"黑暗中"，对会议内容一无所知。所有这些消极的言论都没有必要。第二次演示她有了很大的提高并且有了更多的自信。

尊重应当成为我们即兴谈话的核心价值。要做到这一点，我们必须把它作为我们思维的一部分。尊重自己及他人的人拥有积极正面的风格，让人印象深刻。加拿大保险商 Great-West Life 的执行副总裁兼首席人力资源官格雷斯·帕洛博（Grace Palombo）告诉我："有几位高管以他们自己为例向我展示如何更好地讲话，即使是很难说出口的信息，他们的传达方式也带着一种优雅和亲切感。令人难以忘怀的是他们说话的方式让人感觉体贴、友善。"这种娴熟的风格不像外衣一样你想穿就可以穿上，它体现了尊重他人是领导力的核心。

办公室是我们学习和实践尊重他人的好地方。作为领导者，有责任使公司以及和我们一同工作的人更具实力、更有能力。激励他人并让大家同心协力不仅需要令人赞叹的想法，还必须向大家表示尊重并认可他们的担忧。这样做，你将拥有愿意聆听你的听众以及渴望追随你的员工。

PART 3

第三部分
领导者讲话脚本

让我们正视面前的严峻岁月，怀着举国一致给我们带来的热情和勇气，怀着寻求传统的、珍贵的道德观念的明确意识，怀着老老少少都能通过恪尽职守而得到的问心无愧的满足。我们的目标是要保证国民生活的圆满和长治久安。

——富兰克林·罗斯福

第 8 章
做好准备

在即兴时刻控制好内心的恐惧，从不安中走出来，这背后是为扮演好不同角色而付出的各种努力。我发现，在生活中所有需要即兴发挥的时刻，我们所需的准则是一致的。这本书及其核心观点"你需要做好准备以自然应对"来自我多年的经验。为在各种即兴时刻取得成功，无论是小提琴演奏、在大学讲课，还是作为企业家向潜在客户推销产品，或是向家人和朋友致意，甚至是求婚的时刻，我挥洒过很多的汗水，经历了多年不懈的努力，终于在任何即兴时刻，我都能更加放松和自信。

这一部分将和读者讨论如何为即兴演讲精心创作脚本。我们将探讨为什么"做准备"是数百年来即兴发言最基本的要求；讨论为什么了解相关主题和该领域大量关键信息非常重要。简而言之，读者将跟随我们学习为讲话脚本搭建坚实的基础。

著名演讲家为即兴演讲做准备

当"即兴"（off the cuff，英文直译为"脱离袖口"）一词在 1936 年首次出现时，它本身就包含了"要做准备"的意思。这个词与很久之前人们的习惯相关，那时候人们喜欢在衬衫袖口上记笔记，然后在讲话时照着袖口读。而政治家、演员和诗人长期以来也一直使用这种方法，把他们的发言稿记在一次性的纸制袖口上。[93]

现在人们虽然已经不在衬衫袖口上记录了，但这并不意味着演讲不需要事先准备，我们发现历史上最优秀的演讲者都是花大量时间做准备的人。

公元前 4 世纪，古希腊有一个叫德摩斯梯尼（Demosthenes）的伟大演讲家。人们常常要求他在大会上讲话，但他不会马上发言，他要等到自己对大家正在讨论的问题有了想法之后才会讲话。他解释说：他相信那些为演讲做准备的人是真正富有民主精神的人，虽然这种准备并不总意味着逐字逐句写下自己要说的话、提炼出观点，然后再分享，准备本身表示的就是对听众的尊重。[94]

马克·吐温（Mark Twain）也强烈认为一定要为即兴讲话做好准备。1879 年，他在田纳西州陆军协会的一次会议上发言，他说："今天晚上我还没有听到糟糕的演讲，我也不打算给你们提供这个机会。如果有时间并得到允许，我会继续发表精彩演讲。但每次作精彩讲话我都要花几个小时来准备，对此我从来没有开心过。"[95]

温斯顿·丘吉尔也认可为即兴发言做准备的价值。有个著名的段子，有一次，丘吉尔要去发表演讲，坐车到达目的地后，司机为他打开车门，他却没有马上从车上下来。

"我们到了，长官。"司机说。

"请稍等，"丘吉尔回答，"我还在看我的'即席'演讲稿。"[96]

1948 年，哈里·杜鲁门竞选总统，他喜欢简明扼要地演讲，竞选期间他认识到了做准备的力量。与大部分前任不同，杜鲁门不喜欢正式竞选演讲，但他深知即兴演讲需要做大量准备。[97]

今天当我们看到演员在奥斯卡之夜发表演讲时，我们知道很多人都事先做了准备。如果什么都不做，直到上领奖台要发言了才随意演讲，那么他们绝不会表现出如此棒的口才。如果仔细观察，我们会发现有的演员甚至手里还抓着皱皱巴巴的演讲稿。

像史蒂夫·乔布斯这样的商界领袖同样会为即兴演讲做充分准备。在《乔布斯的魔力演讲》（ *The Presentation Secrets of Steve Jobs* ）一书中，卡迈恩·加洛（Carmine Gallo）指出："大量的练习让乔布斯可以在讲话时基本不用草稿。他在展示产品时，小心地遮住笔记，不让观众看见，但他从来不会逐字逐句地念出来。"[98]

今天的商界领袖如果在向团队、客户或其他人讲话前稍作准备，就会获得很好的结果。一位年轻有为的银行家告诉我，有一次，在英国伦敦举行的行业会议上，她发现一些潜在的客户机会，"于是我离开了会场，"她说，"利用很短的时间准备了一个非常简要的产品介绍。

我匆忙在一张名片背面记了几句话，然后很快将提纲记在脑子里。结果非常有效，现在我们在欧洲有了两个新客户。"

虽然每位演讲者讲话时都很像是"即兴"的，但其实他们都事先做了很多练习，准备了不同形式的草稿。无论准备时间有多长，三周、三天、三分钟还是三秒。积极利用时间组织想法非常重要，这样你就能够传达领导力。

保罗·瓦利说得好："只有当一个人真正了解演讲主题而且已经完全准备好讲话的时候，在演讲时跟着感觉走才是适宜的。什么都不准备就跟着感觉走很容易让自己陷入尴尬的境地，到时候你只能胡乱说一些你不了解的东西。"

事实上，毫无准备的讲话会损坏自己的名声，克林特·伊斯特伍德[99]就是一个例子。2012 年，他在一次大会上发表即兴演讲，那次发言造成了很不好的影响。当时他即兴设计了一个滑稽短剧，剧中他和一个空椅子对话，假装一位总统坐在那里。即兴表演中的他看起来又傻又怪，不仅弄错了数字还说一些污言秽语。"我不能让这位总统对自己这样做。"他对一群尴尬不安的人说。发生这次愚蠢行为几年后，他说，自己的人生中最困扰的经历就是那次"傻事"。他为了一个短暂的即兴时刻，付出了这么大的代价。[100]

只要做好准备，即兴演讲的表现就不会太差，就能避免尴尬。你不必像克林特·伊斯特伍德那样站在一个大讲台上，也不需要面对媒体或很多员工。记住，每次说话都是一个潜在的领导力时刻，而花些时间做好准备将使你能够最大限度地利用这个机会发挥影响力。

了解主题

准备即兴讲稿的第一步是了解要讲的主题。如果你想作正式演讲或展示，那么应当记录下这些知识点；如果你要进行即兴演讲，那么这些知识信息就需要被储存到脑子里。一般来说，这些知识大致可以分为三种形式。

首先是学科知识。人们期望你展示出你对正在讨论的话题有扎实的知识背景。例如，如果你经营对冲基金，那么你需要掌握相关信息，知道该基金在任何给定时间在进行哪些投资、行业中发生的变化、未来前景，以及历史数据的趋势线，等等。这些信息每天、每小时甚至每分钟都在变化，因而无论是在会议、走廊、午餐会还是在行业会议上讲话，都需要我们掌握最新知识。

确保讲述正确的事实，否则会损害你的信誉。一位客户告诉我，他还清楚地记得一位销售代表由于混淆事实，而伤害了一段重要的客户关系。"在和这位大客户沟通的时候，他给出的统计数据完全不对，我知道数据错了，而客户也知道。我们很丢人，"这位高管还说，"在即兴情况下，人们经常被热情掌控大脑而无法清晰地描述事实，或者根本不知道事实是什么。"听众期望你能够提供准确信息，而混淆事实的讲话会给自己带来很大风险。今天，面对媒体，那些阐述清晰、表达流畅且语言优美、风度优雅的政治家令人难忘。他们的讲话让人不得不深深敬佩他们学识的渊博。

其次是一般性知识。越博览群书，在科学、政治和体育的发展方面越与时俱进，你的观点会越丰富，你的演讲就越有说服力。不是每个人都必须拥有高深的科学知识，但广泛地涉猎知识将使你更有能力应对新情况，并借鉴他人的智慧。在本书后面部分，你会读到在小马丁·路德·金逝世时罗伯特·肯尼迪（Robert Kennedy）的悼词。在这个即兴讲话中，肯尼迪引用了他所熟悉的希腊诗人埃斯库罗斯（Aeschylus）优美的诗句，这为他令人动容的演讲增加了思想的深度。如果你也有喜欢的诗人或作家，不妨引用他们的话提升你的演讲内容。

最后是经验性知识。最棒的即兴演讲者还会在演讲时讲述一些个人经历。小马丁·路德·金《我有一个梦想》的演讲在很大程度上属于即兴创作，它体现了作者的生活理念。正如凯瑟琳·霍尔·杰米森（Kathleen Hall Jamieson）所写的那样，"这种雄辩的口才来自他对修辞的掌握，来自他表达自己声音和人民信念的能力，以及为了使听众能够目睹他所经历的世界而进行的不懈努力"。[101]

丰富的经验性知识会在我们面临工作挑战时为我们提供帮助。格雷斯·帕洛博说道："你需要做好准备，应对即兴情形。现在出现的很多问题都和我 30 年前遇到的问题类似。没有明显的好办法时，我会回忆过去，考虑在类似情形下，我是怎么处理的。"

综上所述，准备即兴演讲首先要确保有扎实的知识基础，还需要有不同领域的广泛知识和经验。

牢记领导力信息

准备即兴演讲还意味着牢记关键的领导力信息。马克·扎克伯格在这方面做得很好，他的讲话总是"在点上"，他的核心信息和使命就是："赋予人们分享的权力，让世界更加开放和互联。"[102] 以下是他接受采访时说的话。

- 建立第一个版本的脸书的原因是当时在哈佛我和朋友们都需要……一种与我们周围人保持联系的方式。
- 为形成全球性社区，为把人们聚集在一起，为让所有人都有发言权，为不同国家、不同文化间的思想观点可以自由交流，我们赞成人人互联。
- 互联互通将使每个人都能够获得互联网带来的所有机会。
- 我们十年路线图的重点是建立技术，让全世界每个人都有能力与任何他们想要分享的人分享。
- 现在每个拥有脸书账号的人都有发言权。[103]

扎克伯格究竟是如何做到信息表达一致的？答案很简单，就是通过思考并与他人交谈，这正是领导者建立核心信息的方法。[104] 这样可以使信息一致、清晰、令人信服，从而提升即兴领导力。

作为汉弗莱集团的创始人，我心里总是萦绕着一系列相互交叉和关联的信息，其中的核心信息是帮助领导者提高沟通能力，而其他信息则属于这个核心信息的支持性信息。例如，我们告诉客户，我们将帮助他们"引领每次发言""通过在整个组织的各个层级强有力的沟通来实现引领"；在我们的网站上可以看到，"我们唯一的重点就是帮助客户沟通，并引领每次沟通"，这个重点会贯彻在本书的全部内容里。

如果领导者能够成功地表达关键信息，那么在公司中工作的每个人都会思考和谈论同样的信息。这也是为什么当我收到我的一位新员工写来的信时感觉特别激动。那封信上说："我很荣幸能成为公司的一员，一道追寻您 25 年前制定的公司愿景，那就是不断地向领导者传授将每一次沟通都作为施加影响、启发他人的机会。"这就是关键信息的力量：对能接触到这些信息的人具有启发性。

无论你所在组织、团队如何，一定要写下关键信息和其他支持性信息，并且将这些信息刻在脑子里，每次讲话时都引用它，这些将成为你即兴演讲草稿的基础。

这些步骤将有助于你对各种即兴情况做好准备。所有出色的即兴演讲者都会事先做好准备、构建扎实的知识基础，并牢记关键信息。正如一位客户所解释的："最好的即兴情况是当我做足准备，当我熟知相关材料，无论你把我放在什么情形中，我都能脱口而出。"

———————

我心里总是有两个声道在同时播放，一个声道播放着我正在想的东西，另一个播放着我认为听众想要或需要的或他们期待我讲的。于是，我的一半思考专注于我自己的声道，另一半思考则停留在和听众共鸣的地方。

保罗·瓦利认为，在收集整理思路的同时，了解听众非常重要。如果我们想以正确的方式传达正确的信息，那么这种"双声道"就必须在我们心里不断地播放。只在讲话的时候了解听众是不够的，还应当在讲话前、讲话中和讲话后了解听众。

了解听众：讲话前

在与听众面对面之前需要花点时间对他们做一番分析。斯图尔特·福曼向我解释说："我告诉职员，你必须把自己放进听众的脑袋里，你得知道困扰他们的是什么，什么对他们起作用、什么没用，他们的热点话题是什么。"了解听众将使你能够触及他们的内心，所以得问自己"他们对我要介绍的想法有什么兴趣""我需要劝说他们改变想法吗""如果是这样，我最好的策略是什么"。

评估听众的知识水平也至关重要。讲话需要从解释基础知识开始吗？还是他们对这个问题已经有深入的了解？加拿大安大略省公务员养老基金（OMERS）的负责人阿德奥拉·阿德巴约（Adeola Adebayo）从她的老板那里学习到了很多了解听众的技能。她告诉我，她正准备与高层管理人员对话，她自己具备很多专业知识，但老板说不应该假设高层管理人员和她有相同的专业基础。"你可以这样看这个问题，"她的老板说，"就好像你有博士学位，而你的听众在这个领域还处于小学阶段。""所以我就按照这个原则做了准备，"她说，"当然还是有一些专业术语不可避免，比如 EBITDA（未计利息、税项、折旧及摊销前的利润）和负债净额等，我就用拆析的方式为大家简单地解释，比如'这个数字越高对我们来说越糟糕'，或者我会在图表中显示度量标准，并解释当这条线上升的时候情况不好，而当它下降的时候情况是好的。"

提前了解听众也会让你意识到可能存在与你想法迥异的人。讲话前需要确定讲话的目标受众是谁，不一定必须是高层管理人员，还可能是一位同事或客户。问自己如下问题："在这群人里我是在和谁真正对话？他们同样重要吗？是否有人更重要一些？"你必须要考虑，你在向谁寻求支持，谁会做最终决定。当然，还要关注会场内的其他人，只把注意力集中在老板一个人身上是危险的。即便你非常想得到老板对项目的批准，你也需要和其他人保持眼神接触，不能让人明显感觉你只是在和一个人讲话。

如果你的目标受众是一个人，那么就要尽可能地多了解这个人。我身边发生过这样一件事。一位商业领袖受邀赴宴，他在去之前仔细研究了主办这次活动的 CEO 的简历。在大家互相介绍环节，他走到那位 CEO 身边说："你是菲尔吧，是这家公司的创始人，对吗？"他赞扬了这位 CEO 取得的成就，还简要地提到了他事业中的一些里程碑。这位 CEO 后来告诉我："他事先做了准备工作了解我的情况，这件事给我留下了深刻的印象。这样的准备真的让人很惊喜。那次见面后，他可以随时打电话给我，不管白天还是晚上，我很乐意为他做任何事。"

事先分析听众会让我们知道如何讲得更好。假设你是薪酬经理，新的薪酬计划刚刚获批，与同事谈这项计划时，你需要为不同的同事定制不同的信息。比如，与团队沟通时应该强调该计划的好处；和主管沟通时应着重于你如何让这项计划获批；与高层管理人员交谈时要说明新计划在吸引和留用人才、建立公司人才库方面的作用。只有清楚地了解听众，才能更好地、有针对性地讲话。

了解听众：讲话中

当你站在听众面前时，一定要对会场的状况多加留意并做出相应的反应。在讲话时，一定要留意下面的问题，这些问题会引导你更好地了解听众。

听众在听吗？ 仔细留心听众的参与度和他们的注意力状况，以确认自己是否触及他们的内心。假设你正在向一组同事介绍产品，发现大家的注意力涣散，这时务必改变讲话策略。同样，如果拿着一本产品介绍手册和客户交流，结果发现客户不断翻阅手册而不注意你说话，这时候就要想办法把书拿走。玛丽·维图格对我说："我曾经和一位导师合作，他可以非常巧妙地避免产品介绍手册对谈话的干扰。他有能力获得委托人的信任，他会说，'你看，这本书里有大量的产品实际情况介绍，但我想告诉你的是，为什么我们认为这笔交易值得做'。"

观察会场内大家的肢体语言，如果看到听众靠着椅背坐着或者一直摆弄手机或弯着腰坐在座位上或双臂交叉，我们应该马上改变讲话方式，否则会失去听众的注意力。而如果他们的眼睛紧紧盯着你，他们的身体转向你，他们的面部表情生动，可以确定你的讲话触及了他们的内心。

哪些观点有吸引力？ 留意会场，确认大家抓着不放的那些想法。艾伦·康韦博士告诉我，每次走进教室，他都会小心留意教室里的情况："环顾一下教室，学生的思想状况决定了我要以哪种方式讲课。就算我事先做了准备，我还是想和学生即兴聊聊。这实际上在很大程度上取决于学生，他们的参与让我对他们的知识领悟情况有了具体了解，而我也会回应他们的观点，并填补他们缺乏的知识或未领悟的内容。"

商务会谈也是如此，需要了解客户在想什么，并把自己的观点建立在他们想法的基础上，这样才能和客户有一个更稳固的协作式讨论。比方说，向客户介绍产品要先理解客户的想法，可以询问客户自上次见面以来是否有什么变化。如果对话建立在客户的想法上，我们就会从他们那里得到更多支持。如果你在留心会场内的思想流动，还要留意是否存在观点冲突，并尽力解决这些冲突。

组织文化是怎样的？ 每个组织都有特定的文化，这种文化定义着人们互动的方式。文化可以是正式的、非正式的、竞争性的、合作性的、家庭式的或者部落式的。对文化要有敏感性，并在此基础上决定即兴互动方式。道明银行集团（TD Bank Group）副总裁托妮·费拉里（Toni Ferrari）非常关注她所在组织的文化，她指出："我们集团拥有非常注重协作的公司文化，总是做会场里最聪明的人或者总是当唯一发表意见的人并不是件好事。做集体决定一定要考虑每个人的想法，这一点非常重要。因此，每次在我提出建议做决定前，我一定会问大家是不是都表达了自己的意见。"

在彼此竞争的公司文化环境中，我们不需要对每个人都友好，更重要的是关注如何变得"厚脸皮"以及如何自信、有说服力地展示自己的想法。当然这并不是说要抨击别人，我们只是做自己而已。不过，这可能意味着挑战别人，也被别人挑战。在这样的文化中，平时讲话要表现自己的信念和自信。了解组织文化规则（不管是在我们的公司还是讲话对象的公司），这对我们的成功至关重要。

除此之外，对全球文化差异也要保持敏感性。如果你正在参加全球电话会议，一定要留意参会人员的习惯用语。一位副总裁曾告诉我，他的老板在日本发表过一次即兴讲话，他是这么开始讲的"我们必把油门踩到底（全速前进）"，每个人都困惑不解，然后他继续说"我们必须把球打出场地（做到最好）"。这些都是棒球比赛的常用语，他这么说是因为自己酷爱棒球，而听众根本不明白他讲话的含义。第二天下午，那位副总裁不得不向参会者解释老板的讲话。

如今组织的政治现状如何？ 尽管今天的组织比以前更加扁平，但机构中依然存在着顶层和底层，以及二者之间的中间层。员工不应当对高级管理者低声下气或阿谀奉承，而应当尊重他们所担任的职务和他们在决策中所扮演的角色。这意味着承认他们的观点，认真倾听他们的意见，按照他们所说的行事，并表现出适当的尊重。在挑战他们的时候，切记不要采取对抗性的方式。事实上，这个原则适用于任何对话场合。

高层领导也需要意识到权力的动态变化，不要让团队成员不敢参与决策。一位副总裁说过："如果讨论的时候我在场，团队就把我讲的当作最终答案，而不愿意表达意见。所以我有时会故意对大家说，'和大家一起进行头脑风暴，我希望大家都来挑战我，提出自己的想法，因为我还没有答案'。我们面临两个选择，要么让团队成员表达观点、展示他们的领导力，要么我们对一切问题表达意见而阻止成员思考。"

男女员工表现如何？ 了解会场还需要注意性别的动态变化。与男性相比，女性在讲话时更容易被打断，[105] 男性通常声音洪亮、自信、饱满，女性也经常主动让男同事上台讲话。我们建议应当平衡两性的发言机会。如果有位女士保持沉默，但你知道她头脑反应迅速、是关键决策者，那么就去征求她的意见，主动要求她发言。如果你发现会场有人控制了大家的讨论，就可以提出会场还有人没有机会发言，你想听听他们的意见。只有每个人都参与进来，整个会场才能更加活跃。

了解听众：讲话后

不管是介绍产品、社交活动谈话、对员工进行市政厅讲话、参加求职面试，还是走廊的快速交谈，即兴谈话之后都要问自己如下问题，"我对听众是否了解""我对情况是否做了正确解读"。这些事后评估非常重要，是我们提高演讲技能的好方法。

我曾经和一位副总裁一起工作，她告诉我，她的老板不仅鼓励她在重要讲话之后反思，而且在每次与客户见面之后也要进行反思。"所以，"她告诉我，"我开始问（内部）客户，他们是否觉得我了解他们的需求，当其中一个人说'其实，你还可以做得更好'时，我感觉自己可能存在一些问题。他告诉了我原因，我发现我的想法的确存在局限性。他说我在讲'你应该这样做或者那样做'时说得太快。我决定听从他的建议，6个月后，我开始从他那里得到正面反馈。"

总而言之，一定要多方位地思考问题，就像立体声，一个声道立足于自己的想法，而另一个声道留意听众反应。要成为一个伟大的即兴演讲者，就一定要在讲话前、讲话中和讲话后了解你的听众。

10

领导者讲话脚本模板

阿尔基达玛是公元前 4 世纪的雄辩家，他认为即兴讲话非常重要。他在专著《论诡辩家》（*On Composers of Written Speeches*）中提出，与正式带讲稿的演讲相比，即兴演讲需要更多的技巧。他写道："如果一个人花了很多时间准备正式演讲稿，现在又让他作即兴演讲，他的内心会充满无奈、彷徨和困惑。"[106] 因而，阿尔基达玛认为我们应该提前在内心组织我们的演讲内容。[107]

这真是明智的建议，无论你离发表演讲还有 1 小时还是 5 秒，一定要计划一下自己要说什么。当然能准备到什么程度与你有多少时间有关。记住，在任何情况下，事先收集、整理自己的想法非常重要，千万不能毫无准备就上台发言，不能想到什么就说什么。这种跟着感觉走的讲话方式对于领导者来说非常不合适，会导致听众"彷徨"和"困惑"，正如阿尔基达玛所述。

本章介绍领导者讲话脚本模板。这是一种在即兴对话中组织思维的模板，由汉弗莱集团开发。这种模板可用于我们所有的培训。

领导者讲话脚本模板介绍

本书介绍的模板简单易行，模板包括四部分，以说服的基本原则为基础。[108] 图 10-1 显示了该模板的主要内容。

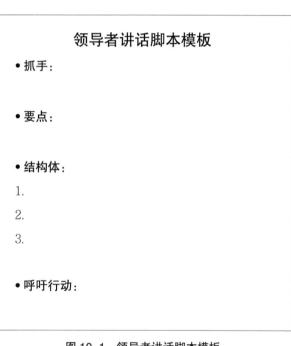

图 10-1　领导者讲话脚本模板

以下为大家介绍如何使用模板。

第一，用抓手来吸引听众。 抓手内容可以是对听众友好的问候，或是对前面讨论的引述，或是延续某人的观点。本书第 13 章将详细讨论抓手。

第二，陈述要点。这部分涉及你的观点，是即兴讲话脚本的核心所在。本书第 11 章将探讨讲话要点的作用和内容。

第三，建立结构体。本部分为讲话要点构建令人信服的案例，并提供明确的、有说服力的论据。请参阅本书第 12 章有关结构体的讨论。

第四，以呼吁行动结束。讲话要点要转化为行动，这部分讲话即起到唤起行动的作用。本书第 13 章将对此进行详细的探讨。

这个包含四个部分的模板可以帮助讲话者引领听众思维，并有力地说服听众。一定要把这四个部分刻在脑子里，这个模板可以被应用在每一次即兴发言中。

模板介绍

现在你可能想知道："面对某种具体情况，我怎样才能真正使用这个模板呢？"

假设你正在准备一次求职面试，一定要记下脚本的关键要素。从抓手入手，即对面试官说一些亲切的话以及对自己能够候选这一职位表示感谢。接下来是要点部分，即为什么你相信自己是很棒的候选人。说完要点，给出你认为自己适合这个职位的几个理由。最后以呼吁行动结束，即询问下一步的安排是什么并表达自己很高兴成为职位候选人。这些要素如果事先写下来并记在心里，将会在实际面试中为你的即兴表达提供线索。

再来举个例子，假设你马上要和老板见面汇报项目的最新情况，那么会前 10 分钟，你应当快速写下脚本的关键要素。在抓手部分，可以这么说——"我知道你对 X 项目非常感兴趣"；然后继续说要点部分——"我想告诉你一个好消息，项目进展非常顺利"；现在需要在结构体部分给出论据——为什么说项目进展顺利；最后以呼吁行动结束——你想让老板做什么？或者接下来你会做什么？

就这么简单。这个简单的模板可以指导你进行任何会谈和讨论。如果你花时间在纸上或脑子里记下这个模板的四个关键要素，你的讲话会听起来非常自然和即兴。

模板应用

即兴演讲技巧中最重要的是构建观点。曾有一位经理向我抱怨没有人愿意听他说话，他告诉我："上周我和大老板谈话，结果我说话的时候，他一直在看邮件，甚至都没抬眼看我一下。此外，他问我的问题非常离谱，好像试图赶我出去。"后来分析了才知道，没有人听这位经理说话的原因是他很难让别人跟上思路，他想起什么说什么，所有素材似乎都乱作一团，毫无章法可言。更糟糕的是，他对老板的敌意在不断地增强，他觉得自己要求澄清观点时老板想把他赶出去。这位经理就特别需要使用领导者讲话脚本模板。

领导者讲话脚本模板的一个重要优势在于：它可以帮助我们整理思路，使我们的讲话更周全。假设你是一名经理，你和一位团队成员说："祝你在客户演讲中有精彩表现。"虽然你表达的是积极情绪，但还不够好，你还可以表达得更到位。如果你内心有这个模板，那么你的话就能够更富启发性，例如你可以这么说：（抓手）"非常想听到你的演讲"，（要点）"现在我们有与这位客户建立关系的绝佳机会"，（结构体）"我知道他们要选一个新的供货商，而他们想要的产品正是我们所提供的"，（呼吁行动）"相信你一定能做到"。

无论是事先准备还是到了讲话现场，应用模板打底稿都需要不断地练习。如果事先知道有即兴发言的机会，务必使用模板准备自己的讲话框架，然后记在脑子里，这样到了现场只需要选择合适的字眼。正如维珍集团的理查德·布兰森所建议的："这有助于你将自己的观点形成一个大致的轮廓，让对话能够不断展开。"[109]

即使不允许事先准备，你也可以使用该模板。这就是说，你可以在讲话的时候边说边搭建脚本框架。在思考抓手时暂停；讲完抓手内容后暂停，思考一下讲话的核心要点；讲完要点后暂停，思考结构体的信息；讲完结构体之后暂停，思考呼吁行动部分；然后讲呼吁行动部分。简而言之，在讲完每一部分之后暂停，以便思考下一部分内容。当你暂停时，你会看起来更自信，而你讲话的脚本也会更完善。

模板的可扩展性

领导者讲话脚本模板的一个重要特点是，可对讲话内容进行扩展或收缩以适应不同场合。在紧急情况下只能快速回应时，可以减少模板中的内容。

对于会议发言，可以只取抓手部分和要点部分，比如：（抓手）"我完全同意你的意见"，（要点）"我们需要加强合作"。如果讲话对象是团队成员，那就需要扩展脚本并添加结构体和呼吁行动部分。结构体部分的讲话可以采取协作性更强的方式：（1）"我们必须互相信任"；（2）"我们需要相互分享观点和想法"；（3）"我们应构建反映共享知识的解决方案"。呼吁行动部分的讲话可以是："我们都全力以赴！"假设你想把这个简短的脚本变成市政厅讲话脚本，那么就可以在这个脚本的基础上，把结构体部分和呼吁行动部分拓展得更细致。

脚本的可扩展性也可以帮你处理各种不可预见的情况。比方说，你本来打算进行耗时30分钟的演示，但老板说"我只有5分钟"，此刻你需要把报告精简到抓手、要点、结构体和呼吁行动四个部分，实质上就是30分钟演讲稿的内容提要。如果在社交活动中你正在与人对话，你发现对方表现得焦躁不安，那么你需要马上精简脚本。或者是当你乘坐电梯，电梯门已经开了，老板走了进来，这时就需要把讲话脚本减少到只有要点和呼吁行动，例如："有个事情想和你分享一下，一起喝杯咖啡吧。"如果是和客户一起悠闲地吃午餐，可以准备好促成双方合作的论据，但如果客户只是想聊天，那么去掉结构体部分的论据。总而言之，只有一条规则，那就是：无论在什么情况下，讲话必须包含要点部分。

创建脚本是即兴演讲的重要方面，它能防止你喋喋不休。接下来的三章，我们将与读者一起，更深入地探讨脚本的组成部分。

第 11 章
突出要点

讲话时有要点重要吗？绝对重要！我曾经有一位客户，他担任一家大型电信公司的销售主管。当时他处于竞争一份重大合同的最后阶段，不少对手公司都想为航空航天公司（招标公司）提供通信系统。合同金额高达数亿美元，所以竞争异常激烈。

经过数周的技术讨论，航空航天公司向每个投标公司提出了最后一个问题："为什么我们应当选择你？用十个以内的词回答。"大多数供应商听到这个问题都束手无策，他们毫无思路，说："用这么几个词来说明产品的价值太不现实。"他们还解释说，这次的竞争项目包含 25 个组成部分，当然需要更多的字句描述产品。

但我的那位客户却做好了准备，他早已构建好了公司信息要点。他说："我们是令人安心的唯一供货商。"他向对方高管保证，他们可以晚上安心地睡觉，因为所有的组件都将各就各位并运行良好。而实际上，这也正是这家招标公司想听到的答案，最后他们选择了我的这位客户。这就是简单、明确、令人信服的信息的力量。可见，领导者讲话脚本的核心是你的想法、观点，也就是你想让听众知道的信息。

为什么要有要点

最近我偶然发现了一部非常有趣但反映了现实的卡通片。片子里有一位老板气势汹汹，坐在一张大书桌后，冲着一位压力已经很大的员工大喊大叫。字幕也说明了老板的挫败感："你的论点很好，但我还是不知道你想说什么！"[110] 说话时，最重要的是要有观点并能够清楚地表达观点，如果连你都不知道自己在说什么，怎么能指望听众会知道！

人之所以要表达、他人之所以要倾听，是因为有"要点"要交流。正如玛丽·维图格在接受采访时所说的："证明你有观点至关重要。在任何会谈中都有很多沟通交流，只要将要点表达清晰，无论是谁，都能脱颖而出。"

没有要点，讲话就会变成基于信息而不是基于想法的沟通，听众就会搞不清楚你提出的建议究竟是什么，或者你为什么要提议开展某种行动。坦率地说，说话没有要点就等于在浪费大家的时间。没有要点，人们的语言就会充满术语、"公司行话"和各种赘词。究其原因，不是语言问题，而是语言背后讲话的人思路不清。所以一定要确保你的讲话内容有核心要点，而这样做也是在告诉其他人，"这就是我的信念，这是我想让你也相信的东西"。听众会感激你清晰的讲话。

卓越的领导者鼓励他人用强烈的、明确的信息来表达自己的观点、促进分享观点。史蒂夫·乔布斯就是这种高管的典范。正如一个客户指出的那样，"乔布斯越成熟、自信，他就越能与周围实力强大、有想法的管理者自信地对话，而对方在和他争论时也感觉很舒适"。[111] 桑达尔·皮查伊同样鼓励思想流动。根据《快公司》的一篇文章，在一个半小时的会议中，皮查伊和工作人员讨论了"人工智能的力量、将谷歌相册与诸如谷歌云端硬盘（Google Drive）等其他产品集成在一起的价值，以及与应用程序用户创建情感联系的重要性"。皮查伊充满激情并热烈地回应，当团队向他展示宣传视频时，他的回答是真诚的："这真是太棒了！"[112] 而令人信服的核心要点会为整个会场带来"啊哈"般恍然大悟的时刻。如果没有这些要点，交流可能就会因陷入技术操作层面而停滞不前。

简而言之，领导者用观点来引领他人。而观点不会在你说话的那一刻不请自来，你需要事先为即兴讲话做好准备。

要点的特征

出色的演讲者都知道好的讲话要点具备一些特征。通过练习，你也能够将这些必备特征嵌入即兴讲话的要点中。我们需要将以下讲话脚本要点部分的六个特征牢记在心。

第一，讲话要点是你的观点，即将你的想法浓缩成一个你希望听众信服的观点。你在讲话时要始终围绕这个重点。有时，演讲者不是有太多观点，就是没有观点，有的人甚至不知道自己想说什么。太多观点和没有观点产生的结果一样：会使听众头脑混乱。

第二，要点是简单、清晰的一句话。为什么？因为如果你的信息不止一句话，而是一个冗长而复杂的句式，听众就很难"理解它"。例如，你对客户说："我们准备随时为你们提供帮助，我们一定可以完成。当然，我们还将和你们继续合作。"这样讲话，你留给听众的要点就太多了。简单的、一句话式的要点可以这样讲："我们确信能够为你们提供服务。"再比如在内部会议上，你的一句话要点可以是"我们一起来制订计划"，或者是"团队要想实现成功，我们就需要更多的合作"。想想那些知名人物的讲话要点，例如杰夫·贝佐斯总结冒险行为带来的危害时说："实际上，这是一种很随意的期望，对失败的期望。"[113]

第三，有吸引力。要点应当能够吸引人。如果希望听众信服你的观点，那么你需要设计好要点，让听众能够理解它、相信它，并想要跟随它。这意味着你要了解什么会触动听众的内心。我曾问一位刚刚加入公司的战略总监："如果你的老板问你，你怎么看你的工作？你回答的要点是什么？"他回答说："我会说，我的目标是让公司实现战略。"这个回答对于公司战略副总裁来说无异于美妙的音乐。

第四，要点承载着你的信念。要确保首先自己相信自己的讲话要点。当卢·格里克（Lou Gehrig）在扬基体育场向球迷宣布自己生病的消息时，他将要点表达得感人至深。他本可以表示遗憾，但他却说："我觉得自己是世界上最幸运的人。"此外，不要用平淡的话来贬低自己或公司，一位 CEO 对分析师们说："我很高兴，我们交出了相当不错的数据。"而他本可以说："我很高兴地宣布，我们这个季度的表现是有史以来的最佳表现。"

第五，积极正面。讲话要点应当能打动整个会场，确保要点包含希望、目标、可能性和成就。例如，"团队的优异表现让我感到兴奋不已"，或者"我们达成了这项协议，是大家共同促成了这件事"。要点可以始于消极但一定要以积极因素结束，不过这并不意味着你用糖衣包裹着现实。比如，我们可以这样说："虽然我们面临着前所未有的挑战，但我相信我们一定可以保持行业首选供应商的地位。"当讲话要点中包含消极因素和积极因素时，一定要保证最后以积极因素结束，也就是说，务必从消极转向积极。你也可以在听众中先建立一种紧迫感（或担心），然后再转向更高层次的要点。

一位林业公司的 CEO 就是这么做的，当时公司面临非常艰巨的挑战，需要得到锯木厂管理层和工会的协助。这位 CEO 面向员工说："已经有人催促我们拆装锯木厂，用驳船运到国外，然后在那儿重新组装。"接着他又告诉大家：这是他的要点，他相信大家可以一起想出办法，共同完美解决这件事，他会给大家 90 天的拆卸时间。结果大家做到了！这位 CEO 的讲话要点及其背后的紧迫性，推动了员工态度的转变并确保了锯木厂的存活。

第六，清晰可辨。 确保每个听到你讲话的人都能够识别你讲话的要点。通常在表达要点时，要采取强势、明确、宣告式的陈述方式（带着确定的语气），以凸显这些要点就是你的主要观点。为保险起见，你还可以用"我的意思是""我的要点是""我认为""正如我所见""我相信"，甚至"事情是这样的"作为要点陈述的开始。

要点的力量

在领导者讲话脚本中，要点部分是最有力量的。要点可以改变你讲话的特征。它聚焦于你的思想，能够将听众提升到更高境界。

如果讲话没有要点，听众就需要重新梳理你的讲话内容，弄明白你想说的究竟是什么。他们很可能会因为你讲话不清楚而感到沮丧。以下是一个讲话无要点的真实案例。詹姆斯是一家石油和天然气公司的运营总监，他在对话中告诉 CEO 格伦一个坏消息，虽然詹姆斯一直试图解决问题，但他的讲话让 CEO 沮丧不已。

> **詹姆斯：** 格伦，我来见你是因为我们有些不太正常的状况、我们都不会感到高兴的状况。情况是这样的，在钻井过程中，很不幸，我们的人将钻杆卡在了井眼里。井身不得不废弃，其实也必须被废弃。我们想重新钻那口井，毕竟我们投入了 1 100 万美元，不能花了钱却没有可采储量。好消息

是，我们安置的最后一个套管已经做好定位，可以解决问题。

格伦：究竟是出了什么事？

詹姆斯：这是人为错误。本来应该把15箱水泥倒在洞里，但工人倒进去70箱。我们会对此进行全面调查并给你发送报告。

这是一个没有要点的脚本。一大段话中没有一句观点明确的话。整段包含很多信息，但没有核心观点。整段话缺乏积极正面的信息，于是消极感占据上风，只要数数关于坏消息的句子的数量就能知道CEO为什么会生气地问"究竟是出了什么事"。

那么该怎样传达这个消息呢？以要点为基础的脚本究竟是什么样的？这里我们利用上述信息给大家重新构建讲话脚本，供大家参考。

詹姆斯：格伦，有时间吗？我有紧急的事儿想跟您谈谈。我们损失了第240号井，但已经找到解决办法。

由于疏忽大意，我们不小心把太多水泥倒入了洞中，结果钻杆被卡在里头。两天来，大家想尽办法解决这个问题，终于提出一个解决方案。里头那段好的套管仍然可以用，从套管底部钻一个新洞经过被水泥卡住的钻杆，这样就能解决问题。一切准备就绪，就等您点头同意。

格伦：好的，就这么解决。

修改后基于要点的讲话脚本有很多好处：它向 CEO 发出警示，提醒他有急事要说；重点突出且更为简单明了；整个讲话积极正面（负面、防范姿态消失）；它的结构很好（有抓手、要点、结构体和呼吁行动四个部分）。

以要点为基础的讲话可以让我们尽快切入正题，围绕主要观点形成自己的脚本，从而引导、影响和启发他人。这样的讲话也让我们看起来更加自信和更有说服力。汉弗莱集团已经对数以万计的领导者讲授如何有要点地讲话，而他们的反馈告诉我们，这样做大大提高了他们的讲话质量。

通过练习，每次即兴演讲都有要点、每次都能自然地演讲将会成为你的第二天性。你会自然而然地想到讲话要点，但形成要点有时可能需要勇气，特别是向上级汇报时。一定要记住听众，尤其是你的上级，他们希望你说话清晰、切中要害而不要浪费他们的时间。如果你想在今天的知识经济时代中让人听到自己的观点，那么讲话有要点是一个强大的策略。

12

第 12 章
提出令人信服的案例

曾经有人说马克·吐温"不管自己大脑中'蕴含非凡智慧的杂乱的知识袋'里有什么内容，都拿出来给读者，让读者去辨别相关性及其顺序"。[114] 马克·吐温是一位极有创造力的天才，他可以讲话时离题万里，但是，如果我们也像他一样从自己头脑"杂乱无章的知识袋"中抽取讲话内容，那么听众就必须拼凑我们的碎片化语言，这样我们就很有可能会失去听众。因而，清晰的讲话结构非常重要，而领导者讲话脚本将使你的每次发言都令人信服。

结构体的作用

一个合理的结构体可以让你的讲话举重若轻，它可以让你更清楚地传达要点。如果你对同事说，"我们需要按照客户要求来工作"，却不解释为什么，那么这个想法就是悬而未决的；如果你告诉一个员工，"我相信你可以领导这个项目"，员工就会希望你对这个观点做进一步解释，也就是说需要证明和论据。因此，我们仅陈述要点还不够，还需要提供证据鼓励听众信服我们提出的观点。也就是在提出你所相信的事物之后，还要分享为什么。

如果已知道自己将现场发表讲话或回答听众提问，那么尽可能提前构建讲话脚本，即使你不确定是否要讲话，也要在纸上或脑子里记下一些要点，以防万一。

阿德奥拉·阿德巴约告诉我，她每天需要多次提出证明性论据。她的老板可能在大厅遇到她时问："我刚刚读到关于 X 公司的消息，我知道你正在关注这个行业，你对这家公司有什么看法？"阿德巴约会回答："是，我一直在关注，X 公司有我们的投资，这部分投资到现在仍然属于优质投资。"但她知道只提出这个要点还不够。"老板希望听到原因，"阿德巴约解释说，"所以我会说，其中有很多原因。"然后她提出以下信息证明论据。

- 首先，在我们国家，它在所属行业中是老大。
- 其次，它产生了大量的现金流。
- 再次，虽然所属行业波动性比较大，但它的资产变现能力很强。
- 最后，它得到投资界的广泛认可，可以进入资本市场。

谈到最后，她可能会用下面的呼吁行动来结束讲话："我建议增加对 X 公司的投资。"这就是一个很好的例子，说明了如何利用有说服力的论据来回应别人的疑问。这听起来不难，当然，如果将其变成习惯，操作起来的确会很简单。

确保有若干论据来支持观点而不只提起简单话题。假设阿德巴约这样回答老板的问题："我研究过 X 公司的三个方面，包括财务状况、石油储备以及它在这个行业的地位。"这种回答方式可以提供信息但没有结论，这样的讲话毫无意义。作为一名领导者，讲话时需要采用结构体来支持你的观点。

结构体的组织模式

提出案例涉及如何为论证要点选择正确的组织模式，而对即兴演讲来说，这种选择经常在瞬间发生。成功的秘诀在于领悟以下四种组织模式，并为每个即兴脚本选择最好的模式。

1. **原因模式。**这种模式罗列各种原因及理由来支持主要观点。假设你的要点是"我相信我们需要一个更具包容性的工作环境"。

那么你的支持论据可以是：

- 首先，我们在招聘女性和少数族裔方面处于落后位置；
- 其次，多元化的劳动力会带来更好的收益；
- 最后，包容是正确的做法！

2. **方法模式**。这种模式显示的是实现主要观点可以采取的具体行动方式，或者是那些必须完成的"事情"。

假设讲话要点是"我知道我们可以为客户解决这个问题"，而将其落到实处，主要通过以下方法：

- 首先，我们会和客户面谈；
- 其次，我们将指派一个小组来解决这个问题；
- 最后，我们会坚持到底，确保问题解决。

3. **情况 / 反应模式**。当讲话要点涉及某种情况或挑战而需要采取行动时，就可以使用这种模式。第一点可以描述情况或挑战，第二点可以描述如何回应。

如果你的要点是"尽管去年结果低于预期，但我们已经采取了一些步骤来扭转局势"，那么接下来你可以这样陈述：

- 不利的经济状况导致公司收益比去年低了10%；
- 但今年公司有了新产品线且成本效益比较好，应该能达到或超过预期。

4. **时间顺序模式**。这种模式通过时间序列来详细描述讲话要点。如果你的讲话要点是"我们已经按时完成了项目目标"，那么接下来结构体的要点可以如下：

- 当我们启动这个项目时，我们说过我们会在三年内完成安装；
- 第一年，我们按时完成既定目标；
- 第二年，我们提前完成任务；
- 今天，我们所有的目标都已完成。

我们在说完要点后一定要暂停，花一点时间思考，再选择恰当的结构体模式。如果事先有时间考虑会更好。我们希望，决定使用哪种结构体最终成为你的第二天性，讲话有要点并有论据支撑将引导你更好地准备即兴讲话。如果发表即兴演讲，一定要按照结构体模式"填写"你要说的话。

使用结构体标识词

尽己所能帮助听众跟上你的讲话思路。假定你要讲三个理由，那么讲话时别忘记使用标识词"第一个理由""第二个理由"和"第三个理由"，或"第一个""第二个"和"第三个"。这个原则也适用于方法模式的结构体。如果你使用情况／反应模式，那么可以这样讲，"所以我们面临的挑战是"或者"我们面前有一个很好的机会"，而回应部分可以这么说，"那么我们怎样才能做出最好的回应呢"。如果决定使用时间顺序模式，那么应该对每个时间框架做标识，比如，可以采用"过去""今天"和"将来"，或者采用"当我初次加入这家公司时""不久之后"和"今天"，等等。

即兴讲话为什么需要这种结构式框架？答案很简单，因为没有幻灯片、没有文字显示的"第一点、第二点、第三点"，听众看不到讲话文本。在这种情况下，只有这些标识性词语能够引领听众跟随你的思路。听众会因这些标识词而感谢你带领他们跟上你的讲话节奏。

结构体如何发挥作用

这里举两个例子，帮助大家了解脚本中的结构体如何发挥作用。

第一个脚本是一家咨询公司的领导向团队成员讲话的脚本，谈论的是如何向客户推销，结构体部分显示的是如何准备推销发言。

抓　　手：周一我们有一个很好的机会，面对面向客户介绍情况。

要　　点：我知道我们可以成功地做好营销。

结 构 体：方法模式

有几种方法可以帮助我们做到这一点。

- 首先，我们需要对计划作清晰明确、让人印象深刻的介绍。

- 其次，我们需要具体说明如何帮助客户接触到他们的目标受众。

- 最后，我们需要展示即将采取的战略，即如何使用户喜欢客户的产品。

呼吁行动：所以，让我们每个人都行动起来做好功课，为演示成功做好准备，决不让客户怀疑我们的执行力。

下面再给大家介绍一个脚本，该脚本使用的是情况/反应模式，是伊恩·戈登向员工们讲话的真实案例。

抓　手：感谢大家今天来到这里，也很高兴在这里见到大家。我想给大家讲在我的职业生涯早期发生的一个故事。那时我在联合利华负责洗涤剂业务部。

要　点：我发现只有与一线员工交谈，才能解决遇到的产品包装问题。

结构体：情况/反应模式

（情况）当时处理包装的流水线操作速度比应有的速度要慢得多，总部管理人员对这个长期存在的问题感到困惑和苦恼。

（反应）与工厂员工的对话帮我们找到了解决方案——将包装型号的数量从 14 个减少到 4

个。我们采纳了这些建议，结果生产力突飞猛进。

呼吁行动：这个故事说明了为什么我们需要与团队保持近距离接触，听取他们的想法，并给予他们支持以便更好地完成工作。

振奋人心的领导者讲话都有清晰的结构体，领导者这样做不仅是为了激励他人，也是为了在艰难、有争议的情况下让大家明白他们的观点。摩根大通董事长兼 CEO 杰米·戴蒙（Jamie Dimon）就具有清晰的表达能力。在下面给大家举的例子中，他使用原因模式来应对一场记者引发的危机——这位记者偷偷参与员工电话会议，并写了一篇揭露摩根大通准备利用政府资金来收购业务萎缩的竞争对手的文章。

- 首先，我认为爆料员工内部电话会是不对的。
- 其次，我们还没有收到政府的钱。
- 再次，这位记者引用其发言的那位员工级别不够，无法知道我们这笔资金的用途。
- 最后，那位员工说的内容是与记者的观点矛盾的。[115]

这样的讲话直接明了并非常有说服力。学习以上四种组织模式、构建讲话核心要点并加上标识词，如果你能做到这些，那么你的即兴讲话将非常有说服力。本书第四部分将为读者提供更多例子，介绍这四种模式如何使你的演讲更精彩。

第 13 章

开始与结束

领导者讲话脚本始于听众、终于听众，也就是说，开始讲话的时候充分利用抓手部分吸引听众，让听众愿意听你讲话，而最后以呼吁听众行动结束。讲话的起点和终点之间是要点部分，要点应当有力量、能够说服听众。如果你每次讲话时都能处理好这四个部分，那么每一次讲话都将成为你展示领导力的时刻。

以抓手部分开篇

"你一开口就征服了我！"这句台词米自电影《甜心先生》（*Jerry Maguire*）。这句台词总结了人们从一开始就想吸引听众、让听众参与的愿望。无论是和同事、老板还是和朋友说话，开口说的第一个字就要吸引他们。如果你说的话没有吸引力、没有触及他们的内心，那么很可能你讲话会没人听。对于即兴讲话来说尤其如此。在当今纷繁嘈杂的世界，智能手机、电子邮件和其他各种干扰都争夺着人们的注意力，我们必须思考讲话如何在争夺注意力中胜出，"获得整个会场"的注意力是不可能的，甚至获得一个人的注意力都很难，除非先认可听众。

有若干方法可以通过抓手和听众建立沟通的桥梁，可以直接称呼名字、说一些关于他们的事情、讲他们曾经提出的某个观点、提起曾经和他们的某次对话、询问他们的情况或者提出他们感兴趣的事物。抓手的价值在于与听众建立融洽的关系。抓手部分不仅会随着讲话对象的不同而有所不同，而且还随着即兴情况的变化而变化。这里给大家举一些例子，说明适合不同情况的抓手。

如果在大厅遇到同事，抓手可以是"我正想找你呢"或"我刚刚知道一些事儿，你可能比较关心，有时间说说"。一定要小心可能偏离正轨的抓手，比如，抓手部分如果这样开始，"艾哈迈德，你的家人怎样了"，结果他滔滔不绝地讲起他母亲生病的事儿；再如，对某位管理人员说"我太喜欢你在市政厅的讲话了"，她可能会详细地谈起她在市政厅讲话的事儿。一定要确保抓手部分不仅能吸引听众，让听众参与进来，还要与你要讲的要点相联系。

如果你正在进行一对一会话，想要回应某个人的观点，那就和这个观点联系起来说，例如，"玛丽·卢，我明白你的意思"，或"我同意你的逻辑"，或只是简单地说"确实如此"，而不要说"这是个很棒的观点"，因为你没有权力评判别人。抓手只是表明你已经认真听取了他人的想法。每次轮到你发言，切记要使用抓手来将自己的讲话内容连接刚刚听到的内容。

如果你正在参加一个小组会议，记住要和大家正在进行的对话连接起来："我相信我们面临两种可能性，要么在现有的候选人中选择，要么在更大范围内搜索。"如果你想把不顺畅的讨论重新拉回讨论正轨，可以试着提出大家的共识，比如，"我们所有人都同意一点……"或"时间很短，我们需要做出决定"。无论以哪种方式讲话，目的都是要触及听众内心、找到大家的共同点。

如果你想和一个正在忙碌的人说话，请（而不是假设你已经）告诉他听你讲话。如果你的老板坐在桌旁，眼睛紧盯着电脑，你的抓手可以是"您有时间吗"或者"有些事情想请教您，现在方便吗"。如果打电话给某人，一定要先问问这个人是否方便说话。

如果你的讲话内容接着大家前面的讨论，那么在抓手部分可以提到这一点。比如，你可以向老板解释说："您让我去面试副总裁职位的候选人，我已经和她谈过。"在指导客户（他是一位管理人员）时，我会这样开场："记得我们第一次见面时，您说想提高表现力，那我们开始吧！"这些开场白会引起听众的注意。

当你想就刚刚讨论的事务发表观点时，记住要有敏感性，千万不要以"我不同意你的观点"或"与此相反"或（更糟糕的是）"你说的不对"，或者那种令人厌倦的陈词滥调"恕我直言"。相反，我们应当从更合宜的事情开始："我理解你的想法，我也分享一下我的看法。"或者你也可以简单地说："是这样，我还有一点点不一样的看法。"切记要以积极、正面和建设性的方式触及听众内心，这样表明你一直在倾听别人，而别人也会更倾向于倾听你的意见。

抓手在事关重大的情形下也非常重要。比如求职面试，你可以通过抓手部分感谢面试官对你的面试，甚至更进一步说出你为什么对该公司充满敬仰。多年来，我面试过很多想入职汉弗莱集团的人，我总是注意候选人的开场发言是否提及我们公司，面试一个对公司很感兴趣的候选人会让我更加兴奋。

把抓手部分看作一种"口头的握手"，它让你与听众建立联结、使你的听众想要跟随你。一旦与听众联结，你就可以讲述要点部分，而你也将继续获得听众的注意力并发挥领导力。

以呼吁行动结束

领导者讲话脚本从听众开始，也从听众结束。呼吁行动部分通常要求听众对讲话要点采取行动，也可以代表听众介绍你打算采取的行动，或者概述大家采取的一些协同行动。一旦后续行动发生，那么你将实现你的领导力。

呼吁行动可以采取多种形式。

第一，可以将话语权交给对话的另一方，可以这么说，"我的观点就是这些，你的看法如何"，或者是"你能完成这件事吗"。如果是在小组会上，可以鼓励小组成员说："我们一起头脑风暴吧。"呼吁行动就是邀请对方继续对话。

第二，呼吁行动可以要求做出最终决定。假设你和老板在一起，你已经为开展项目提出了充分理由，可以这样说，"所以，我希望您能批准，以便积极推进这个项目"，或（更有力）"那我就当您点头了，同意我们继续这个项目"。

第三，呼吁行动可以介绍项目推进或活动开展所需要的具体步骤。例如，如果你在计划领导力训练营，可以总结说："所以我希望我们团队组织下一届领导力训练营。林恩，请协调领导小组；阿比和肖恩，你们负责后勤；尼亚芙，你来决定主旨发言人。"当你以平等、尊重的语气讲话时，这些"命令"可以激励团队更好地完成工作。

第四，呼吁行动还可以鼓励他人，你可以对某位团队成员说："我看你对人力资源部门的工作机会很感兴趣，你可以去申请。"如果有人与某个工作机会失之交臂，可以说："还会有其他机会来找你，多留意一下吧。"

第五，呼吁行动可以传达最后通牒。一位客户告诉我："曾经有一项我多次推荐的投资，我也做过多次介绍与展示，提了不少问题，我们也解决了。第三次提出这个问题时，我说，我希望这是最后一次谈论这家公司，我们必须对这次投资做个了结，我想知道我们对此的态度究竟是怎样的，是还是否。"

第六，呼吁行动可以激发合作。为了要求团队合作、分享目标或建立某种合作关系，可以这样说："让我们通过更加透明的方式共同促进问题的解决。"或者如果你是一位经理，可以对项目负责人说："有任何事情请告知，我会尽力提供你所需要的任何支持。"

就像你开场时的抓手部分，呼吁行动也应当尽可能吸引听众，不过呼吁行动还有其他作用：它将讲话要点具体化，把一个抽象观点转变为若干具体的行动步骤。这也会使你的讲话脚本转化为激励性的领导力行为。事实上，前四章描述的领导者讲话脚本能够帮助大家将每一次即兴谈话变成激励他人的时刻，吸引、启发、激励员工行动。

PART 4

第四部分

各种场合的即兴演讲脚本

你在向前展望的时候不可能将这些片段串联起来，你只能在回顾的时候将点点滴滴串联起来。所以你必须相信这些片段会在你未来的某一天串联起来。你必须要相信某些东西：你的勇气、目的、生命、因缘。这个过程从来没有令我失望，只是让我的生命更加与众不同。

——史蒂夫·乔布斯

CHAPTER

14

第 14 章
会议脚本

商业会议最消耗人的精力了。研究表明，"繁忙的专业人员"每月要出席的会议多达 60 次以上，[116] 他们有大约 40% 的时间用于参加会议；[117] CEO 有 85% 的时间用于参加各种会议，其中包括约见、不定期会议、简短会谈、电话会议以及其他社交活动。[118] 换句话说，高层管理人员大约只有 15% 的时间没有用于讲话沟通。

因此，领导者有大量的机会影响和激发他人。当别人讲话时，我们应当仔细倾听，并基于他人的观点做最后决策。当我们讲话时，即使是在会议中激烈交锋的时刻，也应当花一些时间收集、整理自己的想法。这样做，不仅会产生更好的想法、更好的决策、对参会者更多的关注，而且日复一日，你将为自己建立领导者的形象。

本章中的示例将向读者展示如何针对常见的会议场景制定即兴讲话脚本。而第四部分其余章节将与读者讨论如何为求职面试、社交活动、电梯聊天、敬酒和致意、非正式演讲以及问答对话等多个场景创建即兴演讲脚本。能在这些情形下成功进行即兴讲话没有什么秘密可言，做好准备就够了。

首先，我们来看看四种常见的需要即兴讲话的会议情境。

项目进展汇报

你应当在汇报项目进展时非常出色，尤其如果事先知道汇报时间快到了，更要做好准备。老板要求你汇报项目进展，其远不止"更新信息"那么简单。实际上，汇报项目进展是向老板以及会场在座每个人营销的好机会，可借此机会介绍你的工作、想法以及为什么项目对每个人都重要。

在汇报项目进展时，要避免枯燥乏味、只谈事实："项目开展了什么、落实了什么，我们进展到哪里了，等等。"不管是好消息还是坏消息，说了一大堆，这并不是我们进行项目进展汇报的好办法。我在第一份工作中就已经明白这样做的危险性，当时我介绍了我所负责的项目，包括各种好消息、坏消息，但不知道为什么老板总瞪着我。很快我意识到我的工作就是营销项目，并展示项目工作尽在掌握、进展顺利。

介绍项目时需要听起来自然、即兴。虽然我们事先做了准备，比如，记一些要点以便讲话时提示自己，准备工作最终就应形成一份考虑周全的项目进展报告。准备时，不管项目处于什么阶段，我们都可以先对每个项目写一条积极正面的信息；然后，写下该项目运行良好的几个原因或几种方式。在上班路上，先在脑子里想一下如何表述讲话要点，我们没必要逐字逐句地记住要讲的话（事实上，千万不要），但我们需要在心里打个草稿，以便在介绍项目进展时引导自己。

轮到你介绍项目进展时，记住从抓手开始。如果报告对象只是老板一个人，可以说："您将会对 X 项目由衷地感到高兴。"然后陈述项目积极正面的要点，比如"项目稳步推进，销售额逐步升高"，一定要确保讲话要点始终让人振奋鼓舞。如果团队表现不佳，不要隐瞒事实，但要描述这个局面将会被扭转；如果项目取得的成果不尽如人意，那么告诉老板为什么项目会好转。

一旦介绍完上述要点，转移到结构体部分，则开始阐述论据：

- 首先，这个项目将帮助我们发现新市场；
- 其次，它将使我们能够进入这些新市场；
- 再次，它将为我们提供衡量成功的指标；
- 最后，呼吁行动部分（"敬请期待"）。

这样的讲话让老板晚上能安心睡觉。如果所有项目都以这种方式定位，会展现你的领导力并建立团队信心，但切记不要夸口或自我吹嘘。获得成功时，我们应当怀谦恭之心，低调行事。

情况简报

情况简报与项目进展汇报非常相似，但通常关注的是当前情况，比如新的商业机会、最近的新举措、对经济环境的最新解读等。同样，如果事先得知将作情况简报，那么可以多做准备。记住不要把太多的草稿笔记带到会议上，我们应当把相关信息存储在大脑里。如果脚本组织得混乱，情况介绍也就不会顺利。

我曾经和一位副总裁一起工作，那时他将向高级执行委员会作情况简报，他的脚本第一稿的内容缺乏一致性，属于毫无观点的信息倾泻，听来枯燥乏味、无聊之至。他的脚本大致如下。

> 早上好，今天我在这里为大家介绍最新经济情况。也许大家最近在媒体上都看到了，有不少问题挑战着我们的底线。但是，当回顾这些数据时，我们发现情况大体是积极正面的。经济正处于复苏中，那究竟存在哪些问题呢？欧洲政局、房产市场疲软、消费者债务……

我要求他暂停，其实我俩都知道听众听完这样的讲话一定会感到困惑。我们一起使用领导者讲话脚本模板对讲稿做了修订，帮他思考并组织了强有力的讲话要点。以下是修订稿。

抓　　手：各位早上好，我知道，作为高级管理团队，你们
　　　　　对公司所处的商业环境非常感兴趣，我很高兴为
　　　　　大家就经济现状做一个简单的介绍。

要　　点：经济形势比较积极正面，复苏在加快，这对处于
　　　　　保险业中的我们来说是个好消息。

结 构 体：情况／反应模式。

　　　　　（情况）有大量信号显示经济正在复苏。

- GDP 正向增长。

- 零售情况在改善。

- 企业数据坚挺有力——高利润率和高现金头寸。

　　　　　（应对）我们的投资回报已经从经济发展中受益。

- 股票回报强劲。

- 债券组合超出预期。

- 信用质量更高。

呼吁行动：对下一季度做预测时，我们应该看到这些有利的
　　　　　经济形势。

　　对比前后两个脚本，可以发现变化非常大。领导者讲话脚本可以
对任何想要在会议上发言的人提供帮助。我们可以将讲话大纲事先写
下来并记在心里。当然，如果你感觉带着草稿更踏实，那就带着草稿

去会场，你可以把讲话摘要记在一张小便笺或一张名片背后。这些准备将使你的讲话更为出色。事实上，上面提到的这位副总裁，他的讲话得到了执委会的盛赞，在他们的印象里，他是一位思路清晰、思维敏捷的领导者。

分享观点

在会议中，你需要分享观点和想法。假设在过去四个月里，你一直在做一个人力资源项目，或者你刚刚完成成本与费用表格审查。虽然会议日程上并没有项目进展汇报或情况简报，但你需要随时做好分享自己想法的准备。一旦有人问到你，你就能漂亮地回应。即使没有人向你提出具体问题，你也可以通过分享观点和想法来丰富会议对话的内涵。

在所有这些情况下，知道自己的观点是什么以及知道哪些论据支撑自己的观点，会让自己受益匪浅。假设你是位财务官，有人问你："请给大家讲一讲公司刚刚在石油服务行业的新投资的情况。"如果没有任何准备，你能回答的大概仅仅是公司的名字、公司业务以及你与该公司管理层的谈话，等等。但这些事实并不能体现你的专业知识或见解，下面的脚本具有强有力的、清晰的观点，显然更可取。

抓　　手：很高兴你问了这个问题，比尔。

要　　点：我们的确已经对 Terracor 公司进行了重大投资，我们认为它很有价值。

结 构 体：情况 / 反应模式。

（情况）Terracor 公司拥有很多资源的勘探和开发权，这些资源将在未来数年内为其所用。目前，我们认为，市场低估了其能源储备。与其他类似业务相比，我们认为其储备价值应该是每桶 1 美元，但市场定价在每桶 25 美分，存在着巨大差异。

（反应）所以说，市场低估了 Terracor 的价值，因此我们投入 1 亿美元。公司认为这是一个优质的长期投资项目。当然，即使它被其他主要石油公司收购，我们也会有巨大收益。

呼吁行动：我们将密切关注该公司的事态发展并让你知晓最新进展。

　　这位演讲者对主题把握到位，头脑清醒、观点明确且令人信服，在场有谁会反对由这个人掌管决策呢？上述这位财务官利用领导者讲话脚本展示了自己的优势。

　　上述是与我一起工作的年轻人的一个真实例子，我只改变了公司名称和细节。后来这个年轻人建立了一家投资公司，在所属行业表现出色。他就是乔纳森·布隆伯格（Jonathan Bloomberg），BloombergSen 的 CEO。良性沟通意味着清晰缜密的思维以及优秀的口头表述。

合作

我们有很多的时间用来应对别人，你一定也想与他人一同工作，构建合作性方案。

关于在会议中如何合作，《快公司》的编辑里奇·贝利斯（Rich Bellis）为大家举了最恰当的例子，他说："加入《快公司》杂志社后，我注意到的第一件事就是，即使同事们产生意见分歧也可以感觉舒适惬意，他们不会让事态发展到有人动怒或人身攻击。当撰稿人或编辑提出新闻事件或感兴趣的问题时，这些话题往往还未经打磨。当大家提出意见后，才可以看出这些故事是否有可扩展的空间。但无论如何，大家在对话中几乎没有什么掩饰或隐瞒。"

"事实上，"贝利斯说，"大家谈论的都是观点和想法。最近我和一位职业作家以及几位编辑为一个故事的标题争论不休。因为这位作家提出了一个更有趣的关键词，我提出的标题建议被毙掉。然后另一位编辑说，实际上，另一个想法才应当是这个故事更好的关注点。我不同意，指出第一个想法对读者来说可能更有趣。我们最后确定的标题与之前的建议完全不同。由于大家把注意力都集中在同一个目标上，也就是为故事找到适宜的标题，谁也没有时间去独占或维护任何一个想法，因此我们也没有机会将讨论变成人身攻击。"

这也是引领当下的一个优秀范例。无我，无戒心，无争权夺利，只为找到最好的想法而合作。在这种情况下，也许有人（或者所有人）会挑战你，或者就你说的话提出尖锐的问题，但你不能马上有情绪反应或就此反击。例如，一个同事指出项目的最后期限不合理，那就听听他们的理由，也许他们是对的。就像上述《快公司》杂志社的例子，除了自己的意见，我们还需要打开心扉倾听别人的想法。通过聆听，我们将学到更多东西。

但是，如果你认为项目截止日期是可能的，那么使用领导者讲话脚本模板构建想法时，切记要从表示你态度友好的抓手开始（"很高兴你问了这个问题，我知道截止日期看起来很紧张"）；接下来，暂停、思考并表述讲话要点（"但是我保证会按期完成"）；再次暂停，罗列并表述证据（"我们的团队按计划在工作，我们的技术不断在提高并已经在运行、我们的试验已经成功"）；最后以呼吁行动结束（"所以一切都按照计划时间在进行"）。

事先就可能的问题准备一些灵活的答案，能让自己更轻松地应对会议。提前做准备将使你在激烈对话中给人留下思考缜密（及智慧）的印象。

对任何机构的领导者来说，日常会议都非常重要。会议对于领导者来说，是重申基本价值观的机会，并能继续推进你所致力的项目。但要想在会议上表现出色，就需要按照本章提出的方法提升技能。掌握这些技巧将有助于我们在日常会议中展示领导力。

CHAPTER

15

第 15 章

求职面试、社交
活动、电梯对话脚本

在汉弗莱集团工作期间，帮助年轻人准备求职面试让我非常有成就感。这源于一位客户请我指导他的女儿（她即将参加医学院的求职面试）。感谢我们的共同努力，她在面试中成功胜出，被自己心仪的医学院录取，并获得了急诊医学会员资格。现在她在多伦多一家大型医院工作，是一名备受尊敬的急诊科医生。

几乎没有比自我推销更重要的即兴讲话了，本章所讨论的具体情景包括求职面试、社交活动和电梯对话。每种情况都需要针对性的脚本、准备并回答可能出现的问题，这样做能大大改变你的生活和事业。只要问问开篇那位年轻的医生就会知道确实如此。她梦想成为一名医生，她的整个职业生涯都起源于那珍贵的 10 分钟面试，为此她精心准备并排练。

求职面试

获得专业性工作的机会比较难，我们需要为面试准备吸引人的脚本。全球猎头公司 Rosenzweig & Company 的联合创始人杰伊·罗森茨维格（Jay Rosenzweig）建议求职面试的准备工作可以这样开始："找到你所申请的职位的简介，精确地比对你的条件与职位所需技能和经验的差距。"

做完对比后，就开始创建脚本，说明自己为什么适合这个职位。如果能将脚本用句子写下来，而不只是简单地记录要点，那么在面试时你会更应对自如。写句子的过程可以使你将观点内化。

从抓手部分开始写，可以写感谢面试官对你的面试，显示你对面试官有一定的了解，并且对公司很感兴趣。然后写下关键要点（比如，"我相信你所寻找的和我能做的贡献之间的匹配度很高"）。接下来，写出结构体部分的论据，假设你正在申请一家设计公司的职位，你的论据部分可以这样写：

- 我的教育背景使我可以胜任这个职位；
- 我是经验丰富的设计师，我所具有的技能正是你所寻找的；
- 我曾是创业者，而你在职位描述中提到有这方面的要求；
- 我的价值观将使我能够成为公司文化中强有力的引领者。

上述每一点都有可能在面试中详细讨论，因此要确保准备好这四点详细内容，如果你针对每一点都有对应的经验案例将会更有帮助。

最后以"询问下一步是什么"结束："我对这次面谈感到很愉快，我期待未来能在贵公司工作，接下来的步骤是什么？"

现在需要把脚本内化。在面试时不一定必须按照草稿逐字逐句地讲述。毕竟，你一定不想一走进面试现场就主动按照脚本开讲，这样会显得太强势而且自以为是。最好的办法是面试官引领谈话，而你从脚本中抽取内容来回答。例如，她可能会说："请说明你为什么对这个职位感兴趣？"这时你就可以利用抓手和要点部分的内容（我对公司很感兴趣，我觉得我很合适那个职位），然后再详细解释。在面试过程中，当面试官提出问题或你想表达自己的观点时，就要继续从脚本中抽取内容，另外，插入脚本的经验案例也可以用来回答问题。把脚本牢记在心，你会听起来（并且本来就是）充满自信。这样就不会留下遗憾（该死，我当时如果提到这件事就好了）。

为了做好准备，还需要写下可能会被问到的问题和答案，读者可以继续参阅第 19 章的相关技巧。

准备工作有多重要？答案是准备决定一切。正如杰伊·罗森茨维格所解释的那样，"有一些候选人，我以前就认识他们并且知道他们的条件非常符合招聘要求，但由于某些原因，他们缺乏推销自己的技巧"。准备工作可以将候选人强大的背景转化为他们强有力的自我营销并且最后在面试中胜出——获得录用通知。

社交活动

社交活动中的自我推销也很重要。准备好脚本，将帮助你在这些社交聚会中抓住机会。

集体活动。准备参加集体活动时，首先，要弄清楚自己为什么要参加，自己想从聚会中获得什么。只简单地建立"新关系"并不是好答案，还要思考这些关系能给你带来什么。活动前，需要了解哪些人会参加，你对其中哪些人所在的公司或所处职位感兴趣。如果有这样的人，那么这些人就是你参加活动的目标人。你可以先在领英（LinkedIn）和其他社交媒体上查找这些人的个人资料。我认识一位高管，他说："每次在参加活动前，我都会在领英上查找那些可能也在场的人，然后给他们留言，'我想和你谈谈，我们到了现场联系'。"

你想对目标人说什么，事先可以写下来，把简短的脚本记在脑子里。如果已经确定好了目标人，想想自己要对他说的话。比如想针对职业发展咨询某位高管，你可以走近这位高管，然后等到他与别人的对话暂停时再开口说话，从要点部分开始："我真的很希望您能帮我决定我的职业生涯下一步该如何走。"

然后具体列举以下三点论据。

- 您对公共关系领域非常熟悉。
- 我想告诉您，我的职业目标。

- 此刻，我非常需要一位像您这样的专家帮我出主意。

最后以呼吁行动结束：建议两人一起喝杯咖啡并聊聊下一步的行动。

接近目标人的时候，要有很强的敏感性。我一直对自己的社交能力有信心，但是多年来我也学到一些重要的经验教训。我参加过一次非请勿入的社交活动。那天，我到现场后，恰好看到一位我认识的CEO正与一群同事和崇拜者交谈。我见到他很高兴，于是我走近他们，喊道："嗨，吉姆。"我想我们彼此认识，他会暂停谈话而跟我交谈。但我真是很天真，他似乎没有注意到我，为此我感到自己很愚蠢。所以参加社交活动时，必须戴上社交面具，选择想与之交谈的人，但一定要等到他们有空和你说话的时候再上前打招呼。

为社交活动做好准备，会带给你信心并帮你找到聚会目的。一位副总裁对我说："我发现闲谈非常耗费精力，除非是有目的的聊天。如果毫无准备就交谈，我就会觉得自己迫不及待地想结束谈话。但是如果事先准备了，谈话就会变得很顺利。"

一对一社交。有的社交活动规模较小，比如当你单独与人见面寻求职业指导或建议的活动。同样，参加这样的社交活动也需要有焦点，并知道自己想从这次谈话中获得什么，而这也将有助于你准备脚本。

从最优秀的人那里获得最好的建议。伊恩·戈登告诉我："我并没有参加很多社交活动，但人们主动联络我。我总是问他们，你想从这次谈话中获得什么？你想要职业建议吗？你想要在 Rolodex（一种索引卡片系统）上联系我吗？你想获得一个想法吗？你从我这里想得到什么？很多人不告诉我他们想要什么，他们只是出现在我面前。我只能尝试着猜测他们想要的是什么，然后告诉他们我能做些什么。"

戈登还说："有个人做得很好，他到我的办公室跟我讲了他的童年经历，随之打开了对话的闸门。然后他就进入主题，询问我在业内的关系，因为他正在找工作。我介绍给他很多资源，而他和所有这些高管都取得了联系。应他的要求，我还找了一位 CEO 和他面谈，而实际上这位 CEO 介绍给他更多的资源。那次谈话的效果真的非常好，半个小时内他就得到了自己想要的东西。"

尼克·帕洛博（Nick Palombo）是一位年轻毕业生，是我一位客户的儿子。最近，我和他一起工作，他的经历证明了一个人必须非常专注才能抓住一对一社交的机会。尼克和我说他对联合国维和行动感兴趣，这也是他在研究生院的重点学习领域。于是我帮他安排了和加拿大驻联合国大使马克－安德烈·布兰查德（Marc-André Blanchard）的会面。布兰查德大使看到这位年轻人富有激情，就将他介绍给加拿大皇家骑警队国际警务局长、总警司芭芭拉·弗勒里（Barbara Fleury）。

尼克为这次会谈做足准备，他深入了解了加拿大在联合国的角色（并且也非常明白自己的条件）。正如他告诉我的那样，"我已经通过网络了解了弗勒里女士，找到了很多关于她的信息。如果我最终有机会加入联合国维和行动，那么我想成为她那样的人"。尼克热情洋溢、开诚布公地谈论了自己的职业理想，弗勒里女士听完，说："因为你想做我所做的工作，所以你来找我。"他毫不畏惧地回答："是的，我希望有一天能胜任您现在的职位，我来这里的唯一原因就是要学习应该采取什么步骤来实现我的梦想。"她给尼克提供了中肯的职业建议，并为尼克进一步讨论职业发展敞开了大门。这次成功约见的秘诀在于尼克知道自己想要什么，也做好了准备，并抓住了机会分享自己的职业理想。

电梯对话

第三种自我推销方式是电梯对话，也叫电梯营销，包括推销你自己、你的部门或你所在的公司。电梯营销指的是一系列交流对话的方式，其中只有一部分真的发生在电梯里。因而，电梯营销是一个比喻，指的是发生在任何地方的任何短对话，并且通常谈话对象是职位较高的人。把任何短对话比喻为电梯营销很恰当，因为乘坐电梯就像坐游乐场飞车，对话的时间很短。电梯营销包括快速与关键人物诸如高管、团队成员、客户、上级、上级的老板对话。与其他即兴讲话一样，事先准备好电梯营销脚本会使成功机会最大化，虽然大多数电梯营销不可能完全提前准备好。因此，记住关键的领导力信息很重要，当需要时就可以在其基础上快速创建简短脚本。

自我推销。电梯营销为提升自己的声誉或个人品牌提供了极好的机会。假设你正在乘坐电梯，恰好公司 CEO 走了进来，此时电梯里只有你们两个人。收集、整理想法，然后介绍自己（你刚刚加入公司，为自己从事新社交媒体战略工作而感到自豪），再给出两三个理由。电梯门打开了，而你已经完成了一次重要接触。如果你表现得不错，CEO 会记住你说的话，当然也会记住你。

这样的自我推销策略也可以用于会议、招待会或在咖啡厅的会面。我有位客户，她经常在买咖啡的时候遇到公司 CEO。她可以简单地说声"早上好"或"今天交通很堵"，但她没有这么说。有时她会分享自己在公司的工作、她引进的投资以及事情的进展。有些人可能会担心这样的自我推销很唐突，会让人反感。当然可能会这样，所以选择什么时候说很重要，但是，哪个 CEO 不愿意听到员工出色的工作汇报？而我这位客户与 CEO 的这些对话也被证明有助于她的事业发展。

正如一位经验丰富的人力资源高管对我说："当想发展事业时，必须要知道你希望人们记住关于你的信息是什么，或许是你正在找工作，或者你是在职状态，正在为另一个机会重新定位自己。归根结底，当人们转身离开时，你想让他们记住关于你的什么信息？"

"每次都展示相同的信息吗？"我问那位人力资源高管。

她说："随着时间的推移，随着每次社交机会的不同，营销信息也需要不断调整。比如，某人是人力资源部负责人，如果他想成为董事会成员，就必须改写电梯营销脚本，把自己当作潜在的董事会成员来营销。"

不管遇到什么新情况，深思熟虑之后再写脚本非常重要。最佳脚本都包含领导者讲话脚本模板的四个部分。下面给大家介绍一个优秀范例，一位女士在研讨会上这样介绍自己。

"大家好，我名字叫埃斯特尔·瓦兰科特，在纽约 ABC 银行担任副总裁，负责人力资源工作。我的职责是为员工创造一个积极的工作环境。我已经在银行工作了四年，我非常喜欢我的工作。"

这个简短的脚本包括抓手、要点和呼吁行动，因而足以作为简短介绍。如果想讲更长时间，可以在结构体部分罗列一些论据。瓦兰科特女士可以这样阐述："我的工作领域主要有三个：（1）确保公司有支持性的文化；（2）为员工建立可行的职业发展路径；（3）使我们银行在员工福利方面遥遥领先。"每个人都应该有类似的电梯营销脚本，但记住，要根据不同情况而调整。

营销你的团队或小组。电梯营销还可以展示你的团队和你们正在进行的项目。虽然这些营销只能间接提升你的团队影响力，但终将有助于你的职业发展。有位客户是一家大型科技公司的首席财务官，他告诉我，他准备了针对不同公司高管的电梯营销脚本。他这样做是因为，有一次，他在电梯巧遇公司 CEO，结果忘了分享团队一直在做的激动人心的项目。所以后来他脑子里准备的每一次"营销"都是为了推进团队工作，假如他看到公司总裁走进大厅，他可以迎上去问："下个月我们举行团队会议，您能来讲几句话吗？我们已经实现对新策略的完全认同，大家很乐意听您讲话。"

这些电梯营销可以促进职业生涯的发展。在推销你的部门或小组时，你会给高管留下一种印象——即使在忙碌中，你也是积极能干的人，总是在思考和协调事务。比方说，一位年轻的经理与公司大老板恰好乘同一部电梯，这位大老板刚刚在女性会场发表演讲。年轻的经理受到演讲的启发，对大老板说："我参加了今天的活动，很喜欢您的讲话。我想跟您约一下，就您会上提出的问题，讨论一下如何跟进。"此时，电梯门打开了，她抓住这个时刻对大老板说："如果您觉得可以，我会给您发会谈邀请。"假设回答是"好的"，她将有机会了解这位大老板，并得到大老板的指导，推动团队正在开展的工作。

这些电梯营销是赢得大老板尊重的极好机会。但是像这样的谈话并不完全是在当时发生的，这位年轻的经理在遇到大老板之前已经有这些想法。当机会来临，她就能抓住它。这就是有准备的头脑和脚本的力量。

如果做好了准备，那么每次与高管的电梯营销都将成为讨论团队工作的机会。比如，对销售人员可以说："我一直在考虑找一些新客户，想听听你的看法。"对话不能停滞不前，如果同事看起来比较热心，那么走出电梯后还可以与他继续对话，继续完善自己的想法。

营销公司及其产品。第三种类型的电梯营销是推销公司及其产品。人们经常说："对那个产品进行电梯营销。"其意思是，"30 秒内说服我为什么要投资你们公司或者买你们的产品"。不过，这种营销通常不会发生在电梯里。但是，"电梯营销世界巡回赛"曾在位于多伦多的加拿大国家电视塔（CN Tower）举办。举办方邀请企业家到拥有世界上最高电梯的加拿大国家电视塔[①]，在他们乘电梯去往顶楼时向投资者做公司介绍或产品营销。今天，电梯营销比赛在全世界的各种电梯里进行，一名参赛者和一名裁判共同乘坐电梯，裁判倾听整个营销过程，而投资者会为最后的胜出者提供种子基金，支持他们公司的发展。

还好，我们向潜在客户、投资者或合作伙伴推销公司或推广产品时，不必真的坐电梯跑到高处去。但是，如果我们希望业务蓬勃发展，我们就必须擅长电梯营销。电梯营销是一种艺术。

默里·威格莫尔告诉我说："我们公司在推行电梯营销，而我是坚信者。我们每个人都有产品或其他的东西需要营销。那时，我训练公司的销售人员如何进行电梯营销。优秀的管理人员无论与谁交谈都能确保对方在离开时已了解想让他们知道的信息。优秀的管理人员会问自己'我想让他们从这次谈话中记住什么'或'人们为什么和我做生意'，而在电梯营销中则要回答'你能帮我们解决什么困难'这个问题。"

威格莫尔给我讲了他和同事几年前的一个故事："我们当时在多伦多举行高管会议。会后，我们去露天平台和邻桌的团队（包括一位营

---

① 该建筑于 1976 年落成后，一直被吉尼斯世界纪录大全纪录为最高的建筑物，直至被哈利法塔（迪拜塔）超越。——编者注

销总监）聊天。我们想活跃气氛，就问是否可以在他们面前练习一下电梯营销，还邀请了那位营销总监担任裁判。营销总监指着一位对他进行电梯营销练习最多的同事说，'我肯定会从她这儿买产品'。这位营销总监以前对我们公司一无所知，但是电梯营销改变了他。"

"胜出的电梯营销有哪些优势？"我问道。威格莫尔回答说："第一，简单明了；第二，没有行业术语；第三，关注产品带来的价值。"

你可以在电梯对话中充分利用短暂的会面传递核心信息。如果处理得当，电梯对话将会使你的职业前景更光明、突出你的团队成就，并推广你的公司及其产品。

总之，自我推销是任何组织取得成功的主要手段，它有助于展现你的愿景和技能。准备强有力的即兴脚本，将帮助你出色地应对求职面试、社交活动和电梯对话这三种关键情况。

16

阐述重点

我认识的一位管理顾问受邀在矿业大会上发言,与一百多位高管交流。这是一个很多人梦想的任务,它将带来潜在的业务机会。这位顾问事先准备了需要讲 30 分钟的演讲稿,主持人在介绍他出场时对他高度赞扬。但在他即将开始主题演讲时,他被告知暂停一下。当时正是棒球赛赛季,会场的高管们想观看世界棒球大赛决赛,他们告诉该顾问,看完第九局比赛后再发言。

等到大家看完比赛,只剩下 10 分钟发言时间。这位顾问走上讲台,盯着自己的讲稿,努力挑选与幻灯片上的信息匹配的句子。他的叙述中充满了"呃""啊""我会跳过这张片子""我不确定还有没有时间详细说明这一点"之类的话,他越来越紧张,发言也越来越不连贯,听众对他感到失望和尴尬,而公司最后也拒绝支付他作为专家出席会议发言的费用。

我们经常面临类似情况。会议召集人或主管告诉演讲者时间有限,"说说重点就行"。这些话让演讲者更紧张了。

到最后一分钟才通知你把长篇演讲变成简短发言，遇到这种情况就需要依靠本书所讨论的练习方法。这也是公元前 5 世纪希腊的一位演讲家——来自莱昂蒂尼的高尔吉斯（Gorgias）所展示的能力，他"为自己能根据任何情况调整讲话的长度而自豪，并声称能够以极其简短的方式或最详细具体的方式谈论任何问题"。[119]（但根据柏拉图的说法，高尔吉斯更擅长长篇演讲而非简短地讲话。）精简的确很难。

下面给大家简要介绍如何现场缩减讲话内容。

简短发言的"陷阱"

假设本来你有 30 分钟的时间演示幻灯片，但在你即将开始的时候，被告知"能缩短到 5 分钟吗"，或者是你准备了一个 5 分钟的幻灯片报告，却被告知要在 2 分钟内介绍完毕。

最糟糕的做法是把整个报告快速讲完，慌忙地想弄清楚什么该讲和哪些要删，采用这种方法往往会讲得特别快，时不时略过一些幻灯片，说"这个不重要，不讲了"或者"这张片子过了吧，我们不讲了"。听众会觉得他们没有受到重视，或者疑惑为什么你事先把不重要的幻灯片放在其中。而会后，高管们会记住你没有达到他们的预期。

现场创建微型演讲稿

更好的办法是发挥你的即兴技能，当场创建简短的微型演讲稿。有三种方法可以帮你做到这一点。

第一种方式：放弃幻灯片，讲述你的思考内容

这种方法涉及讲述你的关键想法而不用幻灯片。如果使用领导者讲话脚本来准备演讲稿，那么讲稿会包括吸引人的即兴演讲所具有的元素：抓手、要点、结构体和呼吁行动。如果临时被告知时间减少了，就要告诉听众，你会给他们重点讲述关键信息。

阿德奥拉·阿德巴约在一次演讲中被要求缩减时间，她便采取了这种方法。她对听众说："在几分钟内，我将和你们分享我的观点，细节请参见演示文稿（随后将提供给你们）。我也很乐意和你们在会后单独聊聊。"然后，在开场的抓手部分后，她将讲话缩减，解释说："……这就是我希望我们投资的领域……这就是为什么我认为这是一个好的投资……这就是我认为我们应该采取的行动。"她继续按照领导者讲话脚本来讲："……这就是我所相信的（要点）……这就是为什么我相信它（结构体）……这就是我们应该如何行动（呼吁行动）。"她讲的这些都是微型演讲稿应该具有的内容。

准备是即兴演讲的关键。阿德巴约解释道："你必须知道要讲的东

西，并且要彻底掌握。会议之前，事先准备 30 分钟的演讲内容。准备好之后还需要知道重点内容是什么。"事实上，最好准备简介提示卡，以防时间有限只能讲重点内容。在第一张卡片上写下讲话要点，在第二张卡片上写下第一条论据，在第三张卡片上写下第二条论据，等等，最后一张是呼吁行动的内容。还应当针对每条论据，在卡片上列出一些统计数据。这样，这些卡片就形成了微型演讲稿。

不使用幻灯片做演示有很多好处，我的一位客户告诉他的团队："讲话要点比幻灯片更重要。因此，请放弃幻灯片，告诉我你相信什么，以及我为什么也应该相信。"别人请你来分享想法，而你的想法可以通过这种方法被听众获取。

第二种方法：选择关键幻灯片

第二种缩减讲话的方式是重点讲述文稿中几张关键片子的内容。在准备演示文稿时，创建一个符合领导者讲话脚本模板的大纲，包括抓手、要点、结构体和呼吁行动。这些内容在创建视觉资料之前就需要做好，然后围绕这个模板设计视觉资料。如果时间不允许，那就只使用这些幻灯片讲述。

以下是具体做法。放映幻灯片 1（标题幻灯片）的同时讲述抓手部分，比如你可以这么说，"应大家要求，今天就公司重大投资方案向大家做报告"。然后放映幻灯片 2，这个片子应包含讲话要点，可以这么说，"这个报告最重要的一点就是……"；接下来讲述结构体部分的论据，可以为每个论据做一张幻灯片，如果只有 5 分钟的时间，那就用一张片子列三个小标题、论述三点内容（确保演示文稿具有这样的幻灯片）。最后，以呼吁行动结束演讲——告诉他们你要求他们做什么。

除了完整版本的幻灯片报告，一定要把这个包括 4 至 6 张幻灯片的微型演示文稿另存为一个单独的文件，以备不时之需，这样也能避免点击那些没时间介绍的幻灯片。

第三种方法：只阐述要点

有时候你甚至没有时间介绍任何一个版本的演示文稿，老板的时间紧迫，他说："我得赶紧走，你给我说说要点就行。"还有时候，你会发现听众只需要最简单的文稿版本。默里·威格莫尔早年在惠普公司时就遇到过这样的情况。

那时，他刚刚在蒙特利尔的麦吉尔大学（McGill University）就"超越实验室的生活"作了主题演讲。在演讲中，他详细描述了如何将应用科学带入商业世界，正如他自己的职业生涯那样。演讲结束后，有位教授来找他，说："我有一个非常有才华的学生，他正在考虑继续科学研究，但他又有创业精神，他想听听你的建议。如果你有一点点时间，是否可以和他谈谈他为什么更适合攻读 MBA，而不是追求博士学位？"

威格莫尔告诉我："那时，我必须把 25 分钟的演讲内容浓缩为几分钟的信息，以传达给一个即将按照我所说的去建立自己生活的年轻人。这也是我最鼓舞人心的即兴讲话。"

有时候，你也会遇到类似情况，需要为某个人提炼你的讲话内容。这些情况通常是走廊对话、电梯聊天或客户会议。所以，一定要记住你想传达的要点是什么。

做好准备，用本章所述的三种方法缩减演示文稿。如果你能做到这一点，不管你的讲话时间有多长，你都可以在任何时候用自己的想法说服他人。

17

敬酒词和致敬词脚本

我认识一位高管，他想在午宴上向一位即将退休的员工（克里斯）发表讲话以示敬意。他向团队询问了关于克里斯的一些轶事，然后围绕这些故事作了即兴讲话。午餐快结束的时候，他站起来说道："克里斯是一个让人难忘的人，有的同事会记得他上班迟到的事儿，另一些人可能会记着他愚蠢的幽默感，还有的同事会记得他作为一个'派对狂'干的滑稽可笑的事。"这位高管对每一点都做了令人尴尬的详细描述，最后说道："所以我们会永远记得你，克里斯，记住你恨不得忘记的那些事情！"

每个人都笑了起来，克里斯笑得最响亮，但没有人在心里真正地笑，他们为克里斯感到难堪，为那位高管以及那些提供趣事的人感到难堪。

即使你想在致敬酒词或致敬词时风趣幽默，也绝不能让幽默取代领导力。我们需要始终遵循以下指导原则，这将使听众心情愉悦。

创建得体的敬酒词和致敬词

得体的即兴致意或敬酒词的"配方"很简单：保持积极正面、做好调查、使用领导者讲话脚本。

保持积极正面。 在思考敬酒词或致敬词时要保持积极正面。通常，在讲话过程中幽默风趣没什么问题。幽默可能会让你精彩的婚礼敬酒词令人难忘，但一定要慎用幽默，不能有挖苦和讽刺的意味。上述那位高管的做法（收集并讲述了那些让当事人尴尬的故事）就是错误的。如果这位高管能花一些时间仔细想想克里斯留给他的印象，然后从自己的思考中记下一些积极乐观的信息，以及证明这些信息的一些事例，那么他的讲话听起来会更加真诚、更打动人心。在很多人面前的讲话内容甚至有侮辱的意味，会让人很长时间记着这件事。所以，要好好找找自己内心对致敬对象真正的、正面的感觉，然后在讲话时始终讲正面信息。

做好调查。 不管你的演讲技巧多么出色，你都需要收集最精彩的材料。对赞美对象的了解远比空洞、恭维的话语更让人印象深刻。没有人会对一般性的评论留下深刻印象，比如在婚礼上敬酒时说"玛丽亚是一个很好的人，我们都喜欢她"，这样的致敬词会让人无聊地打哈欠，别人甚至会猜测你可能并不认识新娘。如果缺乏足够的信息，可以询问朋友或同事。请记住，你的任务是祝贺，而不是讽刺挖苦那个人。

即使你对你所致敬的人非常了解，依然要仔细琢磨讲话脚本，筛选信息，找出那些体现赞美对象鲜明特征的事实。还记得父亲去世时我准备的讲话，当时我打草稿记下了"父亲喜欢摩托车、喜欢驾驶他心爱的保时捷、喜欢驾船，还喜欢为全美滑雪巡逻队服务，直到他90多岁依然如此"。我突出这些事例，来佐证父亲生活得很充实。

使用领导者讲话脚本。即使对于很简短的讲话，领导者讲话脚本模板也很有帮助。不然，我们的思想可能会到处游荡，我们会发现自己在现场观众面前喋喋不休，或者更糟的是吹嘘了一些令人尴尬、难堪的事情。我们一定不想在向新娘致辞时说："我们都很高兴她找到了罗尼，之前她约会的人都太失败了。"

在说话之前收集、整理想法，可以让你避免这样的错误。如果你是婚礼上的男傧相，那么最好抽时间写一份发言稿。如果你正在吃饭，得知你要在5分钟后致辞，可以先问自己："我对这个人或这件事的讲话要点是什么？"有了要点之后，再写下一些支持性论据。即使你一时冲动决定说几句话，在想清楚讲话要点之前，千万不要高谈阔论。否则，你的讲话会很糟糕，就像本章开篇的例子。

在敬酒或致敬时，不必讲脚本上的所有内容。我们有时可以非常简短地讲话，甚至只讲一句话。这一句话就是你的要点信息。例如，"让我们为路易斯举杯，致我们所有人的良师"。即使在简短的致辞中，我们也该设法提到领导者讲话脚本的大部分或全部内容。以下为读者讲解如何准备简短的致敬词。

从抓手开始。这部分应当吸引房间里所有人，并将他们带入你的讲话主题。例如，可以说"很荣幸举行此次庆典，表彰阿迪提对公司的贡献"，或者说"晚上好，我知道大家很高兴来参加布雷特和斯蒂芬妮的婚礼"，或者说"很高兴向新娘——我心爱的侄女致辞"。观众的心就会被你俘获！

接下来，转到讲话要点。要点是讲话中最核心的一句话，它统领整个讲话内容，要点应该可信、鼓舞人心。如果是祝贺新郎，你可以说"你所梦想的作为好朋友应拥有的所有品质，亚历克斯几乎都有"，而不要说"在我所有朋友中，亚历克斯是我最好的朋友"，这么说会冒犯听众中那些认为自己是你最好的朋友的人。

如果是向个人致敬，请考虑采取以下方法来形成讲话要点。

- 选择那个人特别的品质或特征，可能是"价值观""忠诚""奉献"或"雅致的情趣"。例如，"安德鲁深沉的个性一直鼓舞着我们大家"或者"迪米特里喜欢生活中的美好事物"（使他最终选择了可爱的新娘）。

- 关注这个人带来的影响："很高兴有机会为我们的校长格雷戈里·芒奇致辞，过去的20年来，他丰富了大学里这么多学生的生活。"

- 围绕彼此的关系形成讲话要点："通过阐述我为之骄傲的十大理由，我为两家公司之间长达十多年的伙伴关系而举杯。"

- 解释这个人（作为导师、员工、兄弟姐妹或朋友）对你的意义："如果说我的职业生涯中有一个我要感谢的人，那就是路易莎——一位鼓舞人心和具有奉献精神的导师。"

如果向团队某位成员表达敬意，就要重点关注他们的成绩、合作程度或奉献精神，选择一个主要的特征，然后再集中讲其他特征。

不管要点是什么，重要的是有力量、令人信服。讲话的其余部分都将围绕要点展开，要确保讲话中只有一个要点。大家可能都听过这样的话："关于丹的事情要说的太多了，但我只说三个。"这样的致辞就像一张杂货清单，搞得听众疑惑究竟哪个特征才是最重要的？还有其他特征吗？让人感觉这些话不太一致。

提供论据来支持要点。下面的第一个例子使用组织结构体的时间顺序模式，第二个例子使用原因模式。

示例 1：致敬词的论据

假设你选择的讲话要点是："哈维是一个典型的企业家。"那么在论据部分可以这样写：

- 小时候，他不仅经营着柠檬水摊，还有几个特许经营的水摊；
- 他后来去商学院学习，并创办了公司；

- 他创立并发展了这家公司，而今晚他正在为公司庆祝；
- 我知道他有几个想要"孵化"的点子。

示例 2：敬酒词的论据

假设在节日派对你要向别人敬酒，那么三四个论据足够，而且每个论据没必要超出一句话。假设你致辞的要点是"节日快乐！我们有很多事情值得庆祝"，那么以下是你的论据要点。

- 今年对 Techco 公司来说是非常成功的一年。
- 感谢在座各位的辛勤工作，我们已经成为行业领跑者。
- 今年我们迎来了八位新员工，而他们已经成为团队的重要成员。
- 我们已经做好准备，明年会发展得更好。

以呼吁行动结束。在示例 1 中，呼吁行动部分可以是："让我们为一个真正的、热忱的企业家干杯！"在示例 2 中，可以简单地要求听众与你一起举杯、祝酒。呼吁行动也可以更加明确，例如，你可以说："我们将非常想念萨尔玛（即将退休），但我们希望她能够继续追逐成为一名业余飞行员的梦想。"

选择合适的时间讲话。敬酒词或者致敬词最好是在人们快结束晚宴或是某个关键时刻讲，例如，上餐之前。在场所有人关注你之前，你不要开始讲话，可以用一把餐刀轻敲酒杯，提醒大家不要说话了，然后清清嗓子示意或站起来，吸引所有人的目光。

记住，讲话要简短、悦耳。古老的杂耍演员的智慧说"让观众看完还想看"。当然，讲话也不能太简短，否则会有不受欢迎的风险。

罗伯特·肯尼迪致小马丁·路德·金的悼词

肯尼迪于 1968 年 4 月 4 日抵达印第安纳州的印第安纳波利斯国际机场时，听到令人震惊的消息：小马丁·路德·金当天遇害。当时肯尼迪尚处竞选期间，聚集在市中心的人们正在等待听他的竞选演讲。肯尼迪心中只有一个念头：向小马丁·路德·金表示敬意。助手递给他讲话草稿，但据一位传记作者说："他把草稿塞进了口袋，开始即兴演讲……"[120] 然后，他发表了一篇著名的悼词。

他站在一个临时搭建在平板卡车上的讲台上，发表了不到 5 分钟的讲话，这场讲话感动了整个世界。

他的开场抓手部分让听众大吃一惊："我有一个坏消息要告诉你们，我的同胞们，以及全世界热爱和平的人们，小马丁·路德·金今晚被枪杀了。他为他的同胞献身于爱和正义。"

肯尼迪谈到了由于愤怒和仇恨而行事的危险，然后开始讲鼓舞人心的要点部分，并反复强调其重要性："在美国，我们需要的不是分裂，我们需要的不是仇恨；在美国，我们需要的不是暴力或无法无天，而是爱、智慧和对彼此的同情。对那些在我们国家里仍然受苦的人，无论他们是白人还是黑人，都要有一种正义感。"

他引用了希腊诗人埃斯库罗斯在痛苦中产生的智慧，用令人振奋的号召结束了悼词："让我们为希腊人许多年前写下的理想而奋斗——驯服人类野蛮的天性，使这个世界变得温暖。让我们为此献身，为我们的国家和人民祈祷。"[121]

这篇精彩的即兴悼词立即产生了影响。尽管当时在美国其他地方还有暴动，但印第安纳波利斯的人们保持着冷静的头脑。而这篇著名演讲的片段后来被刻在阿灵顿国家公墓的罗伯特·肯尼迪纪念碑上。

我们很少有机会发表像罗伯特·肯尼迪为小马丁·路德·金所致的悼词那样隽永、鼓舞人心的讲话，但是我们应该保持同样的热情，尽最大的努力来构建敬酒词和致敬词，与肯尼迪的灵感（这种灵感来自对被追悼者的深刻的理解）产生共鸣。希望大家采取行动，遵循本章指导原则，保持积极正面、做好调查、使用领导者讲话脚本，这样，你的致辞也会令人振奋。

18

即兴讲话脚本

曾经有位副总统和我合作。有一次，他受邀在商务午餐会上介绍劳工部部长，他准备了一份不乏赞美之词的讲话稿。但那天部长到场早，在指定时间之前她就开始了讲话，结果副总统到场的时候，已经不需要他再介绍部长了。

部长完成主题演讲后，司仪要求副总统对发言人"说几句话"。副总统知道他必须即兴讲话了，于是就非常迅速地打好适合这种场合的草稿。当他走上讲台要向在场的七百多人发言时，脑子里已经有清晰的主题，他讲道："部长女士，我一点儿都不惊讶您今天提前到会。毕竟，正如您的发言，您一直在快速解决该省的劳工问题。"然后副总统列举了部长正在处理和解决的一些劳工问题，之后他总结道："感谢您今天亲临会场，感谢您提前履行对该省的承诺。"

这个简短的讲话包括了完美的即兴演讲的所有特征：组织到位、完全适合场合。现场思维能力以及领导者讲话脚本让他获得了双赢。

令人信服的想法

最棒的即兴发言是针对一个观点反复阐述。在这方面，和其他形式的即兴演讲相似，即兴讲话会随着讲话要点而跌宕起伏。你可能像那位副总统那样，只有很少的时间收集整理想法，但仍要问自己："我想给听众留下什么关键信息？"副总统的讲话从抓手部分（"一点儿都不惊讶您今天提前到会"）自然而然地转到了他的核心要点（称赞部长"快速解决该省的劳工问题"），并在最后以呼吁行动结束。一旦讲话要点形成，那么发表出色的演讲很容易，你需要做的只是找出论据内容以及呼吁行动部分。

例如，假设你正在参加商务活动晚宴，主持人宣布："我们接下来会听到卡利尔的讲话，他将接受这个奖励。"如果你是卡利尔，也许你已经在一旁紧张得哆嗦了，因为根本没有想到他们会让你讲话。但是不要绝望，你可以快速写下一个要点，然后找出三四个支持性论据来扩展讲话要点。当你能够整合材料、发表演讲，并让听众受到鼓舞时，你会为自己感到骄傲。

如果你事先知道需要讲话，那么不管采用什么方法，一定要做好调查，创建支持性论据，并把这些嵌入脑子里，做好准备，激励他人。

卢·格里克告别棒球生涯的完美演讲

美国历史上的传奇棒球运动员、号称"铁马"的卢·格里克曾是纽约扬基队一垒手。让人们记住他的不仅是他的球技，还有最终导致他退出赛场的病症——肌萎缩侧索硬化症（简称 ALS，又称渐冻人运动神经元病）。

卢·格里克于 1939 年 7 月 4 日在扬基体育场发表了告别棒球运动员生涯的演讲。这场演讲相当完美，值得借鉴。该演讲也是运动史上最为动人的演讲之一。卢·格里克当时 36 岁，面对 61 000 名粉丝，他宣布因为他患有肌萎缩侧索硬化症，从此告别棒球运动员生涯。起初，他摇头表示不想说话，但是当人们喊"我们需要卢"时，他终于出面发表了以下演讲。[122] 演讲围绕令人信服的观点，这个观点贯穿始终。

球迷们，在过去的两周里，你们都看到关于我所遭逢的不幸。然而，今天，我认为自己是这世上最幸运的人。

我在球场上已经 17 年，一直收获着你们的善意和鼓励。

看看这些卓越的人物，你们一定都认为，哪怕与他们交往一天也是自己职业生涯中的亮点。确实，我很幸运。

有谁不认为认识雅各布·鲁珀特（Jacob Ruppert）是一种荣耀？还有最伟大棒球帝国的缔造者——埃德·巴罗（Ed

Barrow）？以及我曾与之度过 6 年时光的很棒的小家伙米勒·哈金斯（Miller Huggins）？

还有在 9 年里，和那位杰出的领导者、智慧的心理学学生、如今棒球界最棒的经理乔·麦卡锡（Joe McCarthy）共事。确实，我很幸运。

当纽约巨人队这支你极希望打败的球队，竟然会反过来送给你一份礼物时，这的确很特别。

当每个人甚至包括球场管理员和那些穿着白色外衣的球童都会记得你和奖杯时，这的确很特别。

当你有个非常好的岳母，你和她女儿吵架，她总站在你这一边时，这的确很特别。

当你有慈爱的父母，他们工作一辈子只为你能受教育并身强体健时，这是一种幸福。

当你有位妻子，可以依靠她，她比你想象的更有勇气时，我想这是世间最美好的。

所以最后我想说，虽然我遭遇了不幸，但是我有太多值得继续活下去的理由。[123]

创造成功的即兴演讲

如果你想像打出"本垒打"好球一样发表精彩的即兴演讲，那么可以参照格里克的演讲范例。无论是获奖致辞，还是从公司退休、为你举办的惊喜派对、庆祝生日或周年纪念等，我们都可以按照格里克的演讲模板来准备讲话。下面为读者详细介绍如何准备。

收集、整理想法。格里克的妻子说，格里克写了一些讲话内容，但并没有排练或带着草稿。[124] 这样他既避免了照读使得演讲太正式，也避免了完全不准备而导致演讲太随意。如果事先知道你要"讲几句话"，就要想尽办法调查并收集信息，写下讲话笔记，然后把这些内容嵌入大脑，并准备好激励他人。不管是有几天还是几分钟的时间来收集、整理想法，切记要在心里打底稿。

以简短、个性化的抓手内容开始演讲。格里克的开场提到了当时等候在体育场的人们，你的第一句话也应该邀请听众聆听你的演讲。格里克称他们为"球迷们"，赋予他们与他之间一种特殊的关系，并承认他们知道自己的病情，这也与听众之间建立了同情联系。你在开场时也应当提及与听众的类似联系。例如，"朋友，你在这里对我来说意味着整个世界"，或者"同事们，你们让我感受到前所未有的惊喜"，或者是"大家好。哇，多么漂亮，你们让我如此自豪"。

选择鼓舞人心的讲话要点。格里克的讲话要点突出、令人感伤，"今天，我认为自己是这世上最幸运的人"。当时，体育场上的每个人都在流泪，格里克自己也在落泪，但这句话打破了当时悲伤的气氛，让听众随之振奋。

当你创建讲话要点时，也要像格里克那样，以一种鼓舞人心的方式讲述你的感受。这里给读者提供一些例子。

- "我觉得自己是世界上最幸运、最有福气、最受特别优待、最幸福的人。"
- 一位 CEO 说："我很激动，我们公司已经扭亏为盈，可以期待新的市场机会、新客户以及新的成功愿景。"
- 一位被家人、导师和同事包围的获奖者说："这个荣誉让我感到惭愧，因为你们才是真正使我事业成功的人。"
- 一位慈善家说："我相信，这个活动显示了回馈社会的力量。"

在结构体部分提供论据。向听众展示为什么你相信所讲的要点。格里克通过一系列简短而观点明确的论据表明，在生命中有许多人让他感到幸运。你也可以像格里克一样，围绕在场的个人或团队发表演讲。假如在你的退休庆祝会上，你可以在结构体部分列举那些在自己的职业生涯中比较重要的几个人；如果是在生日派对上，你可以列举在场的、对你生活有特殊影响的几个人；你也可以围绕群体建立你的论据，比如，伴侣、家人、朋友、同事或导师等。

通过使用格里克的语言模式，我们可以遵循他这种讲话模板的引领。他的讲话中最让人难忘的是以排比句展现的论据。排比句可强调一些平行关系的观点。很多段落以"当……时"开始，比如"当每个人甚至包括球场管理员……时""当你有个非常好的岳母……时""当你有慈爱的父母……时""当你有位妻子……时",抑扬顿挫的节奏有力构建并推进了讲话的要点。同样，在排比句的末尾，他都以类似"确实，我很幸运"这样的话结束，进一步增强了讲话要点的力度。

如果格里克的演讲是一本书，那么我们完全可以抽取其中一页来使用，可以用排比句式把所有的论点串联在一起，增强讲话要点。例如，可以在退休演讲中说第一点，"我会永远记得我的家人是如何支持我的"；第二点，"我会永远记得同事们是如何激励我的"；第三点，"我会永远记得我的团队是如何实现我最大的愿望的"。这种排比句会增强讲话的节奏感和韵律感。

以呼吁行动结束。即兴演讲的最后一部分呼吁行动，可能是身体行动也可能是情感行动。格里克演讲的最后一部分是，"所以最后我想说，虽然我遭遇了不幸，但是我有太多值得继续活下去的理由"。他想象自己将继续活下去，虽然他知道只有几年的时间。

呼吁行动部分可以采取多种形式，可以是你自己或听众，或者你和听众共同在未来开展的行动。如果你被授予卓越商业奖，那么你呼吁的行动可以是"朝着公司目标前进"。当大家在派对上向你祝贺生日时，你可以放眼未来："今天周围有这么多的朋友和家人，我期待着更多的生日以及像今天这样珍贵的时刻。总而言之，这难道不就是最幸福的人生吗？"

卢·格里克的演讲体现了领导者讲话脚本的原则，这则演讲也是一个短小、精辟但感人至深的即兴发言范例。这篇讲话是在"卢·格里克感谢日"活动上发表的，为大家提供了向朋友、家人、同事及其他人致谢的最佳模板。这个模板适用于生日、婚礼、周年纪念、退休或项目庆功会等场合。

19

问答脚本

希庇亚斯（Hippias）是公元前 5 世纪雅典著名的演讲家，他来自古希腊伊利斯城（Elis），是擅长回答问题的大师。在众人面前，他总能回答人们提出的任何问题。他曾经和苏格拉底说，他从来没有遇到过无法回答的问题。我们鲜有希庇亚斯的自信，但那些最优秀的即兴演讲者个个见多识广，擅长回答问题。在本章，读者将发现如何通过做好准备、组织答案以及避免陷阱，来应对听众的问题。[125]

做好准备

回答问题之前的准备和听到问题之后的回答一样重要。准备工作包括掌握内容、仔细倾听，并在讲话前稍作停顿。

掌握内容。对所讲话题的掌握是回答问题的关键，其包括对所属公司、自己的专业领域、团队、客户以及竞争对手的了解，除此之外，还要有其他领域的基本知识。2015 年，马克·扎克伯格决定每两周读一本书，包括"不同文化、信念、历史和技术"的书。[126]《财富》（Fortune）杂志的一篇文章引用了他同事的话，扎克伯格的办公桌上常常堆着书，"有段时间，桌上有本关于自由空间光通信的书"。自由空间光通信是脸书公司感兴趣的一种技术。[127] 领导者需要有大量丰富的信息，要精通讲话主题并能够智慧地回答问题。

在准备问答时，可以围绕问题组织素材。菲尔·梅斯曼告诉我："与客户打交道时，我会尽量预测他们可能要问什么，然后把这些问题分类。举个例子，市场发生变动（比如公司债券走高或走低）时，人们会就此提出问题。通过围绕问题组织素材，我对每一组问题都有了自己的看法，并能将谈话转向我想说的话题。"如果问题（比如求职面试或接受媒体采访）事关重大，就一定要多花点时间针对可能的问题准备答案要点。

仔细倾听。请务必仔细倾听，以便更好地回答问题。海明威说过："当人们说话时，要听完全。大多数人从来不听别人说话。"

听问题要听完整。别人提出了问题，我们却忙着准备答案，并没有听明白问题是什么。急着回答问题会导致你可能只回答了部分问题，甚至曲解问题。你回答的可能只是你所认为的问题，但是如果你听完全，可能会听到提问者在最后说"我真正想问的是……"，若急着回答，你就会错过问题。所以要在听全问题后，再思考答案。

除此之外，还要听问题中的问题。有时候，对方提出的问题并不是实际上要问的问题。例如，如果你是一位经理人，团队成员问你

"这次公司合并会裁员吗",他真正的问题可能是"我们团队会受到影响吗"或者"我会失去工作吗"。你可以回答潜在的问题,比如你可以说:"我不能推测公司整体的裁员情况,但我可以告诉你,我们公关部门不太可能受到影响,因为另一家公司没有公关部门。"

在说话前稍作停顿。你可以利用停顿收集、整理自己的想法,构建智慧的答案。但在现实中,人们往往急于回答问题。汉弗莱集团副总裁罗布·柏格 – 奥利维尔(Rob Borg-Olivier)说:"人们回答问题出错,往往是因为回应得太快,一下子就说出答案。绝大多数的人回答问题不作停顿,他们只是说、说、说,有时在 30 秒内就回复了,但往往思路不清。"

在停顿时,琢磨一下你将如何回应。如果在准备阶段你心里已经有了大致答案,那么你可以松口气。但如果没有,你就需要现场勾勒答案。在说话之前稍作停顿,你就有时间设计脚本,这样你的回答听起来要比想到哪儿说到哪儿显得更加有智慧。沉默不语的时刻可能会让你感觉不舒服,但它表明你严肃、认真地思考了问题,暂停表示你将为听众贡献详细全面的答案。

组织答案

回答问题时需要观点清晰,有时我们未做到这一点。迈克尔·刘易斯(Michael Lewis)在他的《高频交易员:华尔街的速度游戏》

（*Flash Boys*）一书中描述了布拉德·胜山（Brad Katsuyama）接受彭博新闻社的马特·莱文（Matt Levine）采访的情况。莱文问他："对下一个像你一样在华尔街工作、有了不起的想法、想改变这个世界的人，你有哪些建议？"胜山并没有直接回答这个问题，而是给出了涉及多个主题的回答。

> 离开RBC（加拿大皇家银行）是一个非常艰难的决定，在一家大公司工作并成为整个系统的一分子，这在一定程度上让我有种舒适感。我认为我们的社会正在变得更加透明，人们赚钱的方式也改变了。我们对努力赚钱的人没有任何意见，那只是资本主义，而我们本质上就是以盈利为目的的实体。我们是一个营利性机构，但我认为人们如何赚钱将成为社会更大的关注点。如果人们考虑做一些与他们生活不同的事，那就想想你做事情的动机吧。如果你不相信这种动机，可以做一件与你的生活有关的不同的事情，而这不会像过去那样冒险。我认为这个世界更加接受那些试图以不同的方式做事的人。[128]

虽然胜山的回答不乏有趣的观点，但是听众难以把孤立的点连成一个简单、统一的信息要点。的确，有时候，最聪明、最有见识的人会用开阔的思维方式来回答问题，但听众却不知道"他在说什么"。这也就是为什么需要一个模板来组织你的答案。

领导者讲话脚本能使你的回应更加结构化，为听众提供更具针对性的回答。它的四个组成部分抓手、要点、结构体和呼吁行动，将一同帮助我们形成强有力、清晰、重点突出的答案。以下是具体步骤。

从抓手开始。抓手可以通过以下几种方式将问题与关键信息联系起来。

- 对提问者表示认可或同情（"我们理解您的担心并会认真严肃地对待这个问题"）。

- 对反对的问题不直接正面回答（"我不能对这个问题做任何评论，但可以告诉你的是……"）。

- 对负面问题保持中立（如果面试官问"你犯过的最大错误是什么"，你可以回答"我遗憾自己没能早点进入这个行业"）。

- 回答事实问题。如果被问及"是 / 否"或事实问题，可以在抓手部分直接作答。例如被问到"你的公司去年是否进行了重大收购"，抓手部分可以是"是的，我们做了"；或者被问到"去年员工参与度分值怎么样"时，你可以直接说"90%"。

接着讲要点。如果想激励听众，那么就需要站在更高的层面上讲话。这就需要采纳策略——从抓手部分转移到更高层次的讲话要点上。假设被问及是否预期有新产品面世，抓手部分可以是一个简单的回答，

"是的，在本月底会有"；然后较高层次的讲话要点是"你会发现我们的新软件将彻底改变语音识别领域"。如果被问到公司的三口新井是否已经开始生产，那么抓手部分可以是"是的，已经开始生产了"，随后的要点是"产量超出了我们的预期"。

具有论据的结构体。在某些情况下，回答问题时只说抓手和要点两部分就够了。例如，被问及你的背景是否适合你正在申请的工作时，你可以简单地说："绝对适合。我相信我的整个职业生涯都与这个职位相关。"如果你还没有向面试官阐述你的背景，那么这就是一个机会，一定要用一系列结构清晰的论据来支持你的观点。

论据可以用多种模式组织（如第 12 章所述）。这些模式包括"原因""方法""情况／反应""时间顺序"模式。例如，如果你申请在医学院工作，被问及"是什么吸引你进入医学领域"，你的回答要点可以是"有机会帮助别人"，然后提出你所认为的理由：（1）你在难民保健中心工作时，内心感觉快乐；（2）你有位患慢阻肺的祖父或祖母，你一直在护理他们；（3）你受妈妈从事医疗工作的鼓舞。

以呼吁行动结束。如果你是一位政治家，你可以说，"我相信选民会把我们看作能够恢复经济繁荣的政党"。商业领袖则可能会要求她的团队"保持势头、继续工作"，CEO 可能会以"我对我们公司的未来和我们所设想的发展感到兴奋"结束。不管你的角色如何，呼吁行动部分的关键在于基于要点明确听众可相信和可参与的未来。

我们来看看两个结构合理的回答范例。

第一个例子是一位 CEO 对财务分析师提出的问题的回应。分析师问这位石油和天然气公司负责人："公司愿意在北海钻井的项目上投入多少钱？"CEO 的答复如下。

抓　　手：我们还没有具体数字。

要　　点：但我们一直在寻找增长机会，一旦出现这样的机会，我们会根据公司全球标准仔细评估。

结 构 体：（论据第 1 点）必须在财务上有吸引力。

（论据第 2 点）规模适宜。

（论据第 3 点）必须符合公司全球整体战略。

呼吁行动：我们始终愿意扩大在世界舞台上的影响力。

为什么这个回答很棒？

- 发言者没有推测。

- 整个回答思路清晰，围绕公司战略做了阐述，显示了更高层次的讲话要点。

- 结构体（方式模式）使听众感觉公司每一次并购都具有战略性。

- 呼吁行动预示着公司的成功增长是一种持续的模式。

下面的例子是员工对老板提问的回答。老板问 IT 专家："你是否确定我们在系统方面的花费合理？"答复如下。

抓　　手：是的。

要　　点：我们有严格监控的 IT 支出计划。

结 构 体：（论据第 1 点）我们只购买业务所必需的设备。

（论据第 2 点）我们招投标选择最具竞争性价格的产品。

（论据第 3 点）我们确保每项支出都能为公司创造价值。

呼吁行动：所以你应该对我们的支出有信心。

为什么这是一个出色的回答呢？

- 员工的回答没有让人产生防备、戒备的感觉。
- 他以令人信服的讲话站在了更高的层面。
- 要点清晰、简明扼要。
- 呼吁行动鼓励老板要对支出有信心。

在上述两个例子中，讲话者抓住了问答的机会，站在更高层面上展示了领导力。通常，提问是在征询更多信息，但最好的回复是那些具有启发性的、鼓舞人心的回应。

避免陷阱

问答环节并不总是友好的互动。很多时候，你会遇到一些很难对付的问题。在形成自己的回答要点之前，认识并避免以下陷阱非常重要。这些陷阱容易使经验不够丰富的演讲者陷入困境。

1. 不要重复否定的观点（甚至不要否定它）。有一位政治家对其丑闻指控做出的回应非常糟糕，他说"我不是骗子"。这句话一直困扰着他，使他无法摆脱。在回答问题时，不要重复问题中的否定部分。比如有人问："你们公司的行动是不是孤注一掷？"避免回答"不，我们没有孤注一掷"。可以想象一下，如果媒体报道的标题是"CEO 说，没有，我们公司没有孤注一掷"，会是多么糟糕。

2. 不要评价这个问题，只要回答它就可以。我们经常听到发言者说："这是一个很好的问题。"这可能是一种拖延时间的策略，在为思考答案努力争取一些时间，或者这是对提问者经深思熟虑提出的问题的真诚回应。但不管是什么原因，评价问题让人感觉高高在上。你的角色是回答问题，而不是评判听众。如果你说有些问题问得好，那是不是意味着另一些问题问得不好？只要回答它们就可以。

3. 不要推测。假设有人问你具体数字，如果这个数据属于机密，或者你不确定具体数据，那么不要推测，你可以说："我们还没有公布这个数据，但我可以告诉你的是……"如果你不知道这个数据，可以说："我很乐意为你查找这个数据。"

4. 不要默认错误的陈述。 如果有人对你或你公司的描述有误，请礼貌地纠正，否则听众会认为它是准确的。假设某人说："鉴于贵公司的公司文化是积极进取、善于竞争，如何解释在高层管理人员中女性比例较大这种现象呢？"回答时要先驳斥错误说法，可以说"其实我们的公司文化非常包容"，然后回答"开放的公司文化吸引了顶尖女性人才进入公司"。

5. 不要向提问者发问。 一旦问题提出，就轮到你回应了。如果问题问得不清楚，你再给她一次提问机会，她也不大可能把问题说清楚。所以，你尽可能地解释一下问题，不需要进一步向提问者发问就可以回答，比如简单地说："我理解你是问我……"

6. 不要否定。 有些时候，有人会就你、你的公司、职业、同事或你的竞争对手提出负面的问题（"你是说你的公司还没有实现盈利吗"）。回答这种问题时不要重复其否定陈述，而要说"我们希望明年实现盈利"。同样，如果有的问题含有挑动或偏见性的语言，回答时不要针锋相对，而是冷静作答，转向更高层次的要点。阐明要点会使你远离消极或有争议的语言。例如，假设问题是："如果你们与去年预期的差距很大，我们还怎么相信你们公司呢？"答复："公司的业务基础非常强大，所有这些业务正在全面开展，我们的削减成本计划是有针对性的，公司有提前完成今年生产计划的趋势，所以我们完全有信心达到今年的预期目标。"

7. 不要因为听众提的问题实际上不是"问题"而感到沮丧。 我认识一位高管，有人提了类似问题后，这位高管回答说："我不确定这是问题还是陈述。"这样的回答其实很糟糕！即使在这种情况下，我们也要表现优雅，尽最大努力去挖掘这个人在赘词中可能隐含的问题并回答。

8. 不要回答那些极端无理的问题。 有时，你有可能会被问到离谱的问题，你感到非常震惊。例如，老板可能会对员工说："你迟到了，昨天你度过了狂野的一晚吗？"不要回答这种问题，简单微笑一下，转移到另一个话题上。

9. 不要失去"酷"劲。 当亚伯拉罕·林肯的政治对手斯蒂芬·道格拉斯错误地指责他的立场时，林肯开玩笑地回应说，他的对手"貌似有理的言辞"就好比"要证明马栗树（horse chestnut）为栗色马（chestnut horse）"。[129] 这种幽默机智的回应不仅适用于政治舞台，在商界也很适用，只要它不冒犯任何人。

发表讲话是为了让自己处于更高层次。如果听众想要简单、事实类的答案，那么他们可以求助智能手机。早在 2011 年，IBM 的 Watson（一种人工智能产品）在电视智力竞赛节目《危险边缘》（*Jeopardy!*）中就击败了人类冠军，证明了人工智能的敏捷。Watson 通过"阅读"数百万本书积累了广泛的知识，[130] 苹果的 Siri 也能回答非常多的问题。然而，领导者需要的不仅仅是提供基于信息的答案，他们还必须能激励、启发、传递关键信息，将他人的思想提升到更高的层次。

PART 5

第五部分

即兴舞台

一个修养有素的人总是渴望逃避个人生活而进入客观知觉和思维的世界，这种愿望好比城市里的人渴望逃避喧嚣拥挤的环境，到高山上去享受幽静的生活，在那里透过清寂而纯洁的空气，可以自由地眺望，陶醉于那似乎是为永恒而设计的宁静景色。

——阿尔伯特·爱因斯坦

20

即兴讲话排练

2011 年，当得克萨斯州州长里克·佩里（Rick Perry）竞选美国总统时，在电视辩论中被问及如何削减联邦开支，他回答说："如果我能担任总统，有三个政府机构，商业、教育和……呃……第三个是什么来着？让我们来看看。"他还加了"Oops"（哎呀），这使情况变得更糟。后来另一个辩手提出了建议，但为时已晚，佩里将永远被人铭记为一个由于忘记第三个机构而搞砸竞选的总统候选人。颇具讽刺意味的是，2017 年，佩里被任命领导他忘记的那个部门：能源部。

因为人们不事先排练，结果这种磕磕巴巴的现象在讲话中经常出现。但这种失误在预知的政治辩论中出现着实让人惊讶。毕竟，大多数候选人会对他们的讲话要点非常熟悉。明智的做法是和某个人一起排练如何与对手辩论。无论是在政治、商业还是在个人活动中，讲话都需要排练。

本章重点是即兴讲话排练，并简要介绍本书第五部分的内容。排练是快速准备的好方法，一旦登上即兴演讲的彩排讲台，我们就需要选择语言，使用即兴演讲技巧并用自己的声音和肢体语言展现领导力。所有这些话题都将在本书中介绍。

首先需要排练。成功的即兴表演是一种需要练习的艺术。不管是向客户介绍产品、求职面试、社交活动、问答交流、即兴发言、棘手话题对话，还是求婚时刻，大声排练会让你的即兴讲话大不相同。

向客户介绍产品

我们向客户介绍产品时可能会紧张不安，所以最好提前练习。在成立汉弗莱集团时，我打电话给很多 CEO 推销我们的业务。这些电话推销事关重大，有可能会为公司带来大量业务。所以当时我打了草稿，一次又一次地排练，这些工作几乎就是我当时的全部生活。有时候 CEO 没有接电话，我就留言，解释是谁介绍我打电话的以及我为什么想和他见面，至于留言中的呼吁行动部分，我会打电话给 CEO 助理约定会面时间。通常我都会摁下重新录制键再次介绍。这是一个艰难的过程，但排练发挥了关键作用。结果，我经常能够约到 CEO 面谈，公司也在不断成长。

对于面对面的客户会议，我也做了同样的准备。记得曾经有位高管让我跟他的高管团队对话。对我来说这个机会非常重要，如果他们喜欢我的讲话，CEO 就会邀请我的公司去指导他的整个团队。前一天晚上，我仔细准备了笔记，并开车去现场排练。还记得在酒店外面，我坐在车里大声读脚本，并在脑子里牢牢记住这些话。我没有逐字逐句地记脚本，而是将思维和逻辑内化。最后的演讲像做梦一样顺利，公司最后拿到了业务。

排练会让最后的讲话大不相同。熟知自己的素材会让我们更加自信并更雄辩。无论你是企业家、销售人员还是团队领导，营销你的想法都需要练习，而排练会帮助你在讲话时一直围绕要点。

求职面试

求职面试也需要排练。我们要持续练习，直到彻底了解脚本，并能成功地回答向我们抛来的任何问题。这需要努力，但所有的付出都会得到回报。

DHR 国际是全球最大的猎头公司之一，其执行副总裁苏珊娜·凯利（Sussannah Kelly）经常帮助 CEO 候选人排练面试。她向候选人提问，并对他们的表现提供反馈。凯利说："候选人从这些彩排中学到的东西和他们自身无关，而是他们如何能对所申请的公司做贡献。有时候选人面试结束后说'我太棒了'，但最后他们却没有拿到聘书，就是因为他们对所申请的公司的关注不够。"

和我一起工作的一位领导者充分展示了求职面试排练的重要性。她已经候选 CEO 职位，但她担心在面试中会惊慌失措、说得太快。她找我们寻求帮助，我与另一位同事和她一起做了准备。

我们帮她草拟脚本，然后用各种问题对她展开"轰炸"。例如，"为什么你觉得自己适合担任这个职位""你是一个什么样的领导者""你是怎样处理压力的"。我们帮助她围绕抓手、要点、结构体和呼吁行动对每个问题都做了准备。她的回答全部来自脚本中的材料。我们还扔给她一些想不到的问题，比如"遇到无法解决的问题会怎么样？谈谈你那时是怎样应对的"。

接下来录像彩排，我们注意到她的肢体语言不够有力，她的手臂没有伸展，双手动作幅度小而且动作较快，语速也太快（正如她担心的那样，在讲话的过程中没有任何停顿）。我们把这些观察反馈给她，又和她练习了几个回合。她回家后继续练习，讲话时肢体语言逐步有力，语速也放慢了。

所有这些彩排加起来，我们一起花了4小时，她在家里练了6小时。之后，面试时间终于到了，而她完成得非常顺利。现在，她是那家公司的CEO。

绝大多数人经过我们的排练，在求职面试中都取得了好成绩，有些是学生，有些是经理人、管理人员或其他人员。如果没有教练帮助彩排，可以请朋友、同事或家人帮忙排练。面试时你会很庆幸自己事先进行了排练。

社交活动

遇到关键的社交活动，如果你希望进展顺利，那就得事先排练一下。汉弗莱集团副总裁辛西娅·沃德（Cynthia Ward）的故事就是这样一个例子。几年前，她准备见菲利普亲王殿下（Prince Philip）。当时，她在全球电信公司北电网络（Nortel）工作，该公司支持菲利普亲王发起的"爱丁堡公爵奖"（The Duke of Edinburgh Awards）。有人给了她一页关于问候王室成员礼节的说明书，并告诉她在任何情况下都不应接近王子。但是辛西娅想亲眼见到王子并和他说话。于是她研究了"爱丁堡公爵奖"，事先确定了北电网络的捐赠数额，又研究了礼节说明书。在招待会上，有很多媒体和当地政要出席。于是，在已经做好准备的情况下，她与王子进行了目光接触。当他向她致意时，有人把她介绍给王子，她行了屈膝礼，然后和王子谈及北电网络对王子殿下慈善事业的支持正在进行中等话题。

"准备工作是值得的，"沃德回忆说，"他让他的侍从给我倒了一杯酒，我们聊起了北电网络对他慈善事业的支持。他很优雅，也很热情，我们可能会谈更长时间，但他被叫走了。"

问答交流

问答交流有多种形式，包括讲台对话、电话会议、媒体访谈、市政厅讲话、员工活动和面试。所有这些活动都需要提前排练。

越来越多的领导者倾向于现场谈话和媒体采访，以宣传自己或推销自己写的书、自己的想法及产品。在任何情况下，如果你对可能的问题做了准备和排练，你的现场表现就会更好。我上本书的巡回推介是由客户公司和商学院主持的，为了现场表现更好，我准备了一系列可能的问题和答案，事先提交给主办方。对任何问题，我都不会以同样的方式回答，我大致知道他们会问什么以及我大致该说什么。这使现场推介对于我来说很容易，从表面上看，我的表现是即兴、自然的。

即使是深夜脱口秀节目的问答交流也是需要提前准备的。Chernin集团的斯科特·布罗姆利（Scott Bromley）说："在录音前，嘉宾通常会和栏目制作人交谈，简单提出几个故事和笑话。对话要点会记录在主持人桌上的索引卡上。当主持人说'我正在做研究，我读了……'或者'嘿，我想问你一些事情……'时，这实质上是在暗示我们来谈谈下一个问题。"[131]

聪明的商业领袖也会为问答交流做好准备。与我合作过的一位财务主管就是这种对话的专家，他曾为了在一个会议上有精彩表现而和分析师排练。在每次电话会议前，他都会写下所有可能的问题，并创建简洁的、基于信息的答案。他的准备工作很辛苦，几张纸上写满了问题。接下来，我会用这些问题拷问他，我还会抛出一些"出乎意料"的问题，例如"我听说贵公司出现了管理层混乱的现象，这是真的吗"或者"你们有没有合并重组计划"。由于大量排练，他在电话会议上的表现非常出色。

如果你的公司决定以脱口秀的形式安排一系列演讲，要确保所有讲话的内容彼此协调一致。我参加过一次活动，讲话的人没有做任何准备，他们在椅子上舒服地坐着，很放松，他们的讲话没有经过精心策划。听完他们讲话，我都不知道这个领导班子的总体观点是什么，或者根本就没有观点。排练后获得真实的反馈会很有帮助。

我的建议：无论你是执行官、团队领导者、求职面试者还是准备接受医学面试的学生，也无论彩排教练是专业的教练、同事还是家庭成员，一定要为问答交流提前排练。

即兴发言

当你在一个活动中受邀"说几句话"时，你一定要事先排练。不练习的演讲者可能会把事情搞砸。

有一次，我访问墨西哥，一位歌手介绍自己在墨西哥巡演的合唱团，他的表现就是这种情况，他预先没有排练，其他成员也没有给他提意见。他当时的介绍都是关于他自己的，和将要表演的乐队或音乐无关，他的讲话令所有人感到尴尬。讲话结束时，他还总结说："我将在中场休息，我希望多了解你们，你们一定要上来跟我说话。"

如果他排练过，如果还得到了别人的如实反馈，那么他会介绍得更好。

即使是杰出演员丹泽尔·华盛顿（Denzel Washington）也会出现这种问题，他在颁奖现场由于没有排练而讲得磕磕巴巴。2016 年，他获得"塞西尔·B. 德米尔终身成就奖"（Cecil B. DeMille Lifetime Achievement Award），受邀到金球奖舞台上讲话。他随身带了讲话草稿，但他没掌控好。他上台后说："我说不出来。"然后请观众坐下，接着他提起了当时不在场的儿子马尔科姆，又说："我真的忘记了我应该做的一切。我什么也说不出来。"[132] 他努力照着皱皱巴巴的纸条读了几句话，然后开始感谢一些人。

人们并不希望在这种情况下看到演讲者照着准备好的讲稿念，而是希望演讲者在得知自己即将得到这个奖项时，能够流畅地即兴发言。要做到这样，只需要排练要点、照着心里的稿子说。

建议：一定要在虚拟的听众前排练即兴评论，这样你才能精彩地将想法传达给真正的听众，并让自己免于尴尬。

棘手话题对话

另一个需要排练的即兴情况是棘手话题对话。

我们教过一位高层管理人员，她想和一位经常与同事发生冲突的团队成员谈话。她打算解决他的行为问题，但担心这个下属不善于倾听。

教练詹姆斯·拉姆齐带领部分团队成员和那位高管一起探索了与

这个同事接触的一些方法，指导结束时她的信心大增。几天后，她给教练打电话说："你真是有特异功能，我与那位员工的谈话几乎完全是照着准备好的脚本进行的。排练中我们进行角色扮演时，你举起手说'我不认为这是我的问题，那是别人的问题'。而那位员工说了一模一样的话。准备工作使我不至于措手不及，并增强了我把关键信息说出来的信心。整个谈话过程都很顺利。那位员工承诺会注意自己与同事之间的互动。"

求婚

在生活的各个领域以及各种人际关系中都有领导力时刻，那些重要的对话需要我们事先排练。

我有过这样的时刻，它改变了我的人生。那时候我 26 岁，已经和一个搞研究的小伙子约会一年了。当我意识到他是我完美的另一半时，我想："为什么要等他来求婚呢？如果更糟糕的是他不这么想呢？"

为了使一切尽在掌握，我准备了求婚笔记。抓手部分是：我们已经约会了整整一年，我们彼此感觉对方就是要找的人。要点部分是：我认为我们应该结婚。结构体部分的论据是：我们有共同的研究背景；我们很享受对方的陪伴；我从来没有遇到过一个如此对我一心一意的人。呼吁行动部分是：我想他一定也是这么想的，但如果他并没有这样的感觉，那么我们两个人就应该各自前行。呼吁行动的最高点是我给他两天的时间来决定。

我平静地排练并内化我的求婚稿。我们共同度过一个有趣的周末之后，在星期天的晚上，我给他讲了这些话。他很惊讶，谁听到这些话不会惊讶呢？他承认理解我的感受，还说会考虑我的提议。第二天晚上，他来找我，说："我不确定我已经做好了现在就结婚的决定，但我不想失去你。"这是我一生中最美好的时刻。三个月后我们结婚了。我所有的生活都是通过与这个特别的男人结婚、我们之间的爱以及与两个孩子之间的爱所打造的。

我讲这个故事（我丈夫也慷慨地同意分享此事），因为它描述了我生命中最有意义的即兴时刻，它表明了收集、整理想法并排练讲话的重要性。想象一下，如果我没有做准备，很可能脱口而出的是"你什么时候才向我求婚啊"或者"你难道不喜欢我吗"。当被情绪控制时，我们的大脑就不能正常工作，我们就会说出日后令自己后悔不已的话来。所以排练好你和家人或和朋友的重要谈话，这会使我们的关系更加稳固、持久。

对于所有这些情况，如果你准备好脚本并加以排练，你的讲话会出色很多。毕竟，即使是最经典的喜剧演员也会排练他们的剧本。每天录制《今夜秀》（*The Tonight Show*）前，吉米·法伦（Jimmy Fallon）都会在少数现场观众面前表演他的独白。如果你观看这档节目，你会看到他一旦收到观众反馈就会修订他的文本。[133] 难怪他在镜头前如此"自然有趣"。

第 21 章
选择语言

马克·吐温曾经说："正确的语言和差不多正确的语言之间的区别是闪电（lightning）和萤火虫（lightning bug）之间的区别。"[134] 即兴演讲的时候，我们经常会找不到正确的词，而说了基本正确，有时甚至是错误的词，然后我们道歉、自我纠正或重新说一遍。进退两难的是，我们需要在现场选择字词，没有时间思考、编辑、重写或润色。当我们专注于讲话要点的时候，这些词已经从我们嘴里跑了出来。

为了完善即兴讲话使用的语言，记住以下"4C 原则"：清晰性（clear）、口语化（conversational）、自信（confident）和协作性（collaborative）。

清晰性

亚伯拉罕·林肯是一位鼓舞人心的演讲家，他非常重视讲话的清晰性，他说："当我还是个孩子的时候，如果有人和我说话的方式让我听不懂，我会很生气，而我在人生中不会因为其他事情生气。这一直困扰着我，并且我成年后依然如此。"[135] 观众们也期望你能够讲话清晰。然而，要做到清晰并不容易。为实现讲话清晰，要记住如下原则。

想清楚。不清晰的语言来自不清楚的思维。通常，清晰的观点还没有形成，语言已经从舌尖蹦出去了。举个例子，企业发言人在与投资者的问答环节中说："有趣的是，作为一家科技公司，我们确实相信社区参与，所以我们相信社区开展教育和培训计划并建设社区能力带来的影响。"这是什么意思？讲得太笼统了，最好能再具体一点，比如："我们致力于支持社区。过去一年，我们帮助十所学校设立了'编程女生'课程。"

修改散文式脚本，删减多余文字。

- 说"我们将专注于……"而不是"我们要做的事情是关注……"。
- 说"我们应该考虑"而不是"我认为我们应该考虑一下"。
- 说"我建议"而不是"如果可能，我想提出这个建议"。
- 说"对斯蒂芬妮的观点来说"而不是"在我看来，我们可能有些事需要考虑，如斯蒂芬妮提到的"。

摒弃专业术语，使用平实词语。

- 删除"改变我们的教育课程设置"等短语，替换为人们更熟悉的"学习"。

- 删除商品化、优化、操作化及其他以"化"结尾的词。
- 删除没有指明具体含义的表达方式，例如"范例"或"在我的人际关系网中"。

请参阅巴特·埃格纳尔的《语言领导力》(*Leading Through Language*)一书，书中对专业术语的风险做了深入讨论并指出了如何避免。[136]

口语化

即兴语言应该口语化，要和我们在日常谈话时一样简洁。以下是办公室谈话和家庭谈话的区别。在工作中，领导者可能会说："我现在想和你谈一谈，回顾一下过去的一年。"在家则可能会说："我们来看看过去的一年。"口语化意味着在工作场所中使用的语言应该和在工作之外一样。

以下是摆脱办公室式谈话、使语言更口语化的几种方法。

话语简短。温斯顿·丘吉尔说："一般来讲，短话最佳，而简简地表达常用语是最佳中的最佳。"[137]所以，如果你可以使用"但是"，就不要使用"无论如何"；能使用"为了"，就不要使用"为……起见"；能使用"选择"，就不要使用"优先处理"。

短句。比起长句，短句更易于理解。这就是为什么我们在日常生活中自然地使用短句说话。下面的例子为读者展示了高管放弃长句而使用短句对话的情况。当被问及领导新团队为什么要依靠她的优势时，她的回答如下。

- 之前："我的优势在于辅导和搭建关系，我所接手的团队是一支非常优秀的团队，而凭借我在搭建关系方面的辅导能力，我们在这个领域将会非常成功。"
- 之后："我的优势是辅导和搭建关系。我接手了一个非常好的团队，但它需要建立更强大的客户关系。我相信我们能一起达成这个目标。"

修改后的句子更容易让听众理解。

不要太随意。虽然即兴讲话应该口语化，但还要尽量专业。避免"哦""嗯""没有""知道了""你们这些家伙""东西""嘿"和"什么都行"，和朋友讲话时可以使用这些词，但当你和老板或同事讲话时，这些词会显得你的话太松散。

自信

即兴讲话时，可以通过以下方式表达自信。

说话语气要自信。 用 "我相信" "我坚信" "我一直在思考"。星巴克 CEO 霍华德·舒尔茨（Howard Schultz）曾经说："我真的认为，星巴克最好的日子就在我们面前……我深信我们公司的未来，因为我相信你们所有的人。"[138]

去掉赘词。 避免 "呃" "啊" "哦" "好" "就像" "你知道" "说实话"之类的词。这些赘词会让人觉得你犹豫不决。例如，如果有人说，"我认为，呃，我们好像应该雇用那个人"，你可能会疑惑这个讲话的人是不是真的想雇用那个人。

不要使用较弱的词汇。 注意避免下面这样的苍白无力的语言。

- 矫揉造作的修饰语，比如 "我只是想说点什么"，或者 "我有点担心"，或者 "这只是一个想法，但也许我们应该这样做"。

- 不确定性的动词，比如 "我认为我们应该推进这个项目" "我猜" "我会尽力去做" 或 "我会看看我是否做得到"。如果经理说 "我感觉我们可以继续做下去，我会努力争取预算"，他的讲话就不会激发信心。

- 过去式代替现在式，比如 "我本来想提出这个事实"，或者 "我本来认为我们应该推迟这个决定"，这样的话让人感觉你改了主意，不相信你现在所说的。

- 表达自我怀疑的词，比如，句子结尾的 "好吗" 或 "是吧" 或 "你知道吧" 会让人感觉你不确定。

- 借口和防御性语言，比如，"两周前我才参与这个项目"，或者"这不是我的错"，或者"我已经尽力了"。
- 陈词滥调，包括废话，比如，"商业就是商业""它就是这样""将来是什么样就会是什么样的""时间会证明""客户说'跳'，我们就跳"。

当心模棱两可的词。最常见的模棱两可的词是"也许""可能""基本上""很大程度上""希望是""有点"或"相当"。这些词让你听起来缺乏自信。如果你说"希望我们能找到解决办法"，听众听后可能不会相信你。

切掉提示语。常见的提示语是"我可能是错的""这只是一个想法""这只是一个建议""听起来也许很牵强""别误会我的意思""这可能是一个愚蠢的问题""这只是我的看法"。提示语常出现在句首。假设一个领导对团队成员说："听起来可能愚蠢，但是你可以更有效地利用你的时间。"可见句首的提示语减弱了句子的力量。

协作性

任何组织中最好的对话都是合作性的。正如美国运通公司 CEO 肯·钱纳特（Ken Chenault）所说："协作不仅仅是对人友善。优秀的队友会说'这就是我要做的——帮你提高自己的水平'，这意味着把团队放在个人之上。"[139] 以下这些步骤将帮助你更具协作性。

减少"自我"的语言。与自我相关的语言，比如"我"或"我的"，这些语言应谨慎使用。一位财务总监对我说："当员工请求晋升职位时，员工应该自信而不是自大。'我做了这个'或'我想要那个'，这么说的时候会让人有自大的感觉。我选择那些说'我们做了……'或'我们的团队做了……'的人。"当然，你可以说"我很自豪我们的团队表现出这种奉献精神"，或者当有人问"是否由你策划了这个活动"时，你可以回答："我在策划中发挥了作用，但这是团队努力的结果，我们对这个策划感到兴奋。"总之，你不必完全从聚光灯下消失，但也不要让人觉得你把自己放在团队之前或中心。

禁止否定词。合作性的语言构建关系，因此积极正面。要避免"我不能"或"我不会"，如"我无法得到这个项目的预算"或"我将无法参加会议"。如果你不能参加会议，可以简单地说："我很想参加，但我有其他计划。"另外，避免包含"不""没"等否定意味的词，比如"我不会参加"或"我没空"，如果你没空，可以说"你能在半小时内回来吗"。如果你不知道答案，不要说"我不知道"，而是说"我尽量做到"。

避免使用"不"这类词，比如"不可能"和"没问题"等短语。如果有人要求你完成一项任务，不要说"没问题"，而是说"当然可以"或者"我很乐意"。假设你的老板说："你不喜欢我们公司的新标志吗？"（而你真的不喜欢。）不要直接说"不"或者说谎，而是以积极的话回应，"我喜欢它的颜色"或"很前卫"。

专注于共同目标。采用令人喜欢的表达方式，如"这个战略会为我们所有人服务""让我们一起来看看如何创建这个项目"。你可能会问下属："我能做些什么来协助你？"用如下话语凝聚团队："很高兴你们能来到这里。未来几天的对话将帮助我们对'我们是谁'以及'我们的目标是什么'有一个清晰和共同的认识。"这样的语言促进了团队所有成员的投入。

鼓励不同的观点。鼓励人们发言并分享不同的观点。重要的是，让人感觉到你考虑了每个人的意见，为集体做出了正确决定。一位具有合作精神的领导者可能会说："我组织召开这个会议就是为了让大家提出一个提升员工敬业度的计划。我想听听大家的意见，不管建议大小，我都希望听到，我们也会认真地回应。"要确保每个人都表达自己的意见，邀请没有主动发言的人发言，他们可能正在等待你的邀请。

认可他人。无论是一对一对话还是小组讨论，要让听众感觉他们对你来说意义重大。花点时间用热情洋溢的"你好吗"开场。在对话期间如果有听众分享，就要为他们鼓掌，说"我同意你的观点"或"这是一个很重要的观点"或"真棒"。在会议上，通过说"我们有很多极好的观点"或"我很喜欢这次讨论"，来为交流注入能量。强化别人的观点，比如，"我喜欢你将其他团队纳入项目的想法"。在听取你所认识的人的意见时说："你对这个有什么看法？西奥。"这不仅仅是为了认可人而认可人，还显示了你构建协作性解决方案的真正信念。

语言是吸引和鼓舞人心的有力工具。要想在即兴交流中有效使用它，需要认识到上述"4C 原则"（清晰性、口语化、自信和协作性）的重要性。将这些原则内化，你的语言将充满力量。

第 22 章

使用即兴技巧

本章是由两位即兴演员——丹·邓沙（Dan Dumsha）和安吉拉·加兰奥普鲁（Angela Galanopoulos）提供的。当我决定写这本书的时候，我想挖掘即兴创作大师的专业知识，也就是那些面对友好（有时候强势）的观众，每夜站在舞台上表演的人。因而，我找到了丹，他有着丰富的即兴喜剧表演经验，也是汉弗莱集团有长期经验的教练。接着他又通过良好的合作方式，邀请了即兴演员安吉拉·加兰奥普鲁与他一起创作。他们分享的技能将帮助我们学会如何守在当下，发现如何创造令人满意的协作性对话。

为什么领导者要提高即兴技巧

生活中，我们每天都在即兴创作。我们花费大量时间与其他人进行即时互动，随时随地创作着。然而，一旦涉及商业环境中的即兴演讲，许多人就会感觉恐慌，担心自己说错话显得愚蠢。的确是这样，正如当场回答棘手问题、给同事敬酒也可能有雷区，而且风险很高。因为观众会对我们的口误记很长时间，导致我们对公司的即兴发言更恐惧。

令人高兴的是，即兴创作大师在即兴演出剧场表演时运用的一些技能可以显著改善我们的即兴演讲。即兴演出剧场已经存在了数十年，并在商业培训中广受欢迎。像谷歌、百事可乐和麦肯锡这些公司，[140] 已经使用即兴技能来发挥团队潜力。还有一些商学院，比如麻省理工学院斯隆商学院（MIT's Sloan School of Management）和韦仕敦大学（又名西安大略大学）毅伟商学院（Richard Ivey School of Business），设立了即兴演讲工作坊。这些课程提高了学生聆听、回应、共同创造和共享成果的能力。[141] 麻省理工学院老师拉克希米·巴拉钱德拉（Lakshmi Balachandra）解释说："即兴演讲课程教会你如何快速思考和组织语言，以及如何快速反应和应对突发事件。"[142] 守在当下和共同创作是即兴创作的基础，这两个概念是每个商业领袖都应该掌握的。

守在当下

即兴创作的一个关键原则就是守在当下，就是说完全以当下情形为中心。这听起来简单，但是由于时间紧迫、多任务并行以及各种电子设备的干扰，守在当下很有挑战性。要实现守在当下，读者可以从以下三方面入手。

首先，不要被过去分心。在即兴谈话中，我们很容易停留在过去的事件上，或评判我们刚刚说过的话，而这些想法往往是消极负面的。我们会想，"上一次我和他们提过建议，被他们否决了，他们一定认为我的建议没有价值"，或者在和听众交流时想"进展不太顺利"，我们的脑子里在想对话应该如何进行，而没有用心关注当下的实际情况。沉溺过去阻碍了我们发现当下，结果没有注意到听众此刻对谈话的反应以及他们的需求。最后，还有接二连三的其他想法，比如："我在计价器里放了足够的钱吗"，或者"我把门锁好了吗"。这样的想法会破坏我们接收新信息和恰当地回应当前谈话的能力。练习把注意力放在当下，学习清空这些让人分心的想法。

其次，不要顾虑未来。为即兴谈话做好准备（正如本书所要求的那样），然后守在当下，不要担心下一个事件或任务。如果你在想，"谈话最好在下个会议前结束"，或者"我能不能赶上到托儿所接我的孩子"，那么你就不可能像专注于当下的人一样敏锐。

同样，不要担心结果。对未来的消极想法可能会成为一个预言。如果你的想法是"如果这一切都错了怎么办"，或者"我提出这样的要求，我的老板会怎么看我"，那么，你得到的结果就不可能理想。一位同事分享了一个朋友的故事，这位朋友担心自己给别人的印象太争强好胜，所以在求职面试中作自我介绍时，她担心："他们会觉得我太好强了吗？他们是不是因为不喜欢我的个性而决定不聘用我了？"这样，她就无法与面前真实的听众联结，而把面试搞砸了。处于当下的人能够更好地与听众联结并对他们做出回应。如果我们事先老想着结果，那么一半的注意力就不在当下，我们只能靠着另一半注意力艰难地维持对话。顾虑未来会阻碍你与他人联结，要守在当下。

最后，相信自己，接纳恐惧。 如果你想守在当下，那么就要相信自己。怀疑和恐惧只会削弱自己，并可能导致反应迟钝或表达不清楚。即兴剧场的表演强调相信自己、接纳错误、体验感觉来战胜恐惧。

演员兼教练德尔·克洛斯（Del Close）有一句知名的"接纳恐惧"的话曾被引用。[143] 他的意思是说，我们应该从这些恐惧中受益，从中吸取能量，而不是躲避它们。例如：如果你害怕在会议上发言，不要屈服于恐惧，接纳它，大胆地举手表达你的想法；如果害怕有人怀疑你的领导力，接纳害怕的情绪，跟那个同事好好谈谈话，让她畅所欲言；如果担心客户不支持你的建议，接纳担心的感受，询问客户"您有什么想法"或"您是不是已经有其他想法了"。如果因为害怕可能是错的而犹犹豫豫不敢说出想法或解决方案，那就要意识到你贡献的想法可能是迈向最佳解决方案所需的一步。相信自己的直觉，把恐惧转化为强大的自我肯定的力量。不要让恐惧把你从当下带走，而要让它成为你依靠、信任自己的力量，相信自己有能力超越恐惧、拥抱当下。

守在当下的力量

一旦守在当下，你将全神贯注地参与即兴对话，且能够非常恰当地回应。你会惊讶于自己的表现，并找到类似于即兴剧场中你看起来比你排练时更机灵、更聪明或更有趣的那些喜剧时刻。

例如，当亚马逊的杰夫·贝佐斯接受 Business Insider（商业内参）网站总编辑兼 CEO 亨利·布洛杰特（Henry Blodget）采访时，布洛杰特向贝佐斯投来一句妙语："我们来谈论利润，或者就你的情况而言完全没有利润。"贝佐斯反应很快，他立即转身面对观众说："这就是亨利对我好的方式！"[144] 这个机智的回答是因为贝佐斯只关注当下的自己，他没有想布洛杰特如何准备了这个问题或观众对一个无利可图的亚马逊会怎么想。

当你处于当下时，你不会掩藏而会接纳自己的情绪。你内心会说："紧张是可以的，感觉不舒服也是可以的。"它不再是恐惧，而是一种可接受和可探索的东西。你会掌握对这些情绪的反应，而这些情绪也不会再控制你，你观察它们并发现它们如何在谈话中激励你。如果不再害怕讲话时紧张，那么紧张会让你表现得更好。

共同创作

即兴演员擅长与舞台合作伙伴共同创作。共同创作涉及与他人合作，接纳他人的想法，然后将其添加到自己的想法中。共同创作是任何组织成员谋求发展所需要的特别重要的技能。解决方案不会来自某个人或某个团队，而是来自组织各个层级的合作。以下是成为优秀的共同创作者的一些关键要素。

首先，仔细聆听。只有当你深入地倾听别人讲话，你才能和别人共同创作。这意味着要专注于发言者，而不是你自己将要说的内容。

以下是即兴演员用来磨炼聆听技能的一些技巧，它采用单词联想法。假设表演者围成一圈，先是一位发言者抛出一个单词，第二个人受该词启发联想到另一个单词，然后第三个发言者受第二个人的单词启发提出第三个词，以此类推。每个人只有在收到为他们提出的单词之后才开始联想，这样就避免了事先准备的情况。这个练习锻炼聆听能力。除了引发自己联想的单词，参与者还倾听其他的所有单词，因为他们要提前思考自己将收到什么样的单词。这个练习教会学员要从头到尾听完整，在自己之前的发言者说完之前都不能放松倾听。在商业讨论中，这种高强度的倾听会提高互动的质量。它鼓励我们听所有讲话，而不是"过早行动"并说一些与前面的发言无关的话。深入地倾听将会创造共同的解决方案，无论你是在电梯、走廊还是会议室。

其次，接纳别人提供的东西。在即兴时刻，别人提供给你的东西包括想法、信息、感觉，有时是来自同行的建议，有时是听众的要求。这些东西通过语言、声调、肢体语言传送给你，就像在商业环境中一样。你不必同意，但需要表示你已经接收到它们。事实上，"提供"一词让我们有种感激之情，尤其是在我们准备回应的时候。当有人与我们分享一个想法时，我们应该表现出接纳的态度（而不是争辩或竞争），因为提供给我们的东西是正在与我们沟通的人送给我们的礼物。即使我们不同意他所说的话，但从这个角度看待至少会鼓励我们在回应时接纳他人意见。

如果同事说了一些你不同意的话，可以说"我听到了"来表达你的接纳，而不能说"绝对不是这样"。假设你在开会，一个发言者提出一个你认为愚蠢的观点，会场里的人们像石头一样沉默，显然其他人也这么认为。这时，你需要接纳那个发言者的"提议"，并亲切地回应，比如说"你再多说几句"，或者"能解释一下你是如何得出这个结论的吗"。这些反应表明你听到了发言者所说的话。如果你和其他人都保持沉默，你就是在拒绝这个提议。这样做不仅会侮辱发言者，而且也会让你在接下来的对话中不知道从何说起，还限制了原本可以有价值的建设性对话，并抑制了发言者未来贡献提议的愿望。

最后，使用"是的，而且……"而不是"是这样，但是……"。 在许多商务会议上，人们只是坐在那儿等待表现自己的机会。当有人提出一个观点时，这些不安分的听众很快就会说："是的，但是……"他们用这种反应来表明自己比提出观点的人更聪明。这样做，他们的角色就是在"判断"而不是在"合作"。共同创作包括在其他人所说的基础上使用"是的，而且……"的技巧。"是的，而且……"是即兴创作的关键。这种表述方式鼓励共同创作，因为这意味着别人的观点不仅被承认和接纳，而且被强化和提高。共同创作产生的最终结果是一个人无法实现的。

所以，在即兴对话中，一旦有人提出了一个观点，分享了一个想法，或者对你的发言作了回应，你不要急于证明他们错了。因为这样做会结束对话，而应该说，"是的，我同意这个观点……而且……"，或者"当然，你讲的有道理，而且我们可以这样做"，或者只是简单地说，"是的，我们已经为其他客户做了，也可以为你完成这件事"。

假设你不同意发言者的观点，你也可以说"是的，而且……"。你可以这样回答："是的，我们可以从第二个角度看待这个挑战。"从前一位发言者的观点中抽取你认为有价值的东西，并将它纳入你的见解，那么现在前一位发言者就成为你的盟友。而且，综合各种观点总比仅仅反对第一个讲话更有价值。

总之，即兴戏剧表演为商业或其他领域的人员提供了有价值的技巧。即兴表演显示了守在当下的重要性，使我们能够完全专注于眼前的交流。即兴表演演员可以向商业领袖传授更多关于共同创作的重要性以及实现合作所需要的技能。而日常生活中也不乏与他人共享舞台来拥抱真实、当下互动的机会。

CHAPTER 23

第 23 章

发现你的声音

你的声音是发挥即兴领导力的有力工具。如果你讲话太仓促、声音太大（或太小）或气喘吁吁，你吸引他人的能力会被削弱。本章将讨论，通过学习如何呼吸，让自己的声音低沉，达到理想的音量、音调和节奏等，拥有有力、自信的声音。

放松练习

了解深呼吸的力量。每天我们吸气、呼气 23 000 次。[145] 但是，当临场讲话时，找到需要的呼吸源并不容易，特别是当你感到自己处于巨大压力中的时候。肾上腺素流过你的身体，你会加快呼吸速度、呼吸更浅、呼吸起始于胸部或喉咙而不是膈肌。结果，你的讲话让人听起来不确定、不舒服、焦虑、气喘吁吁。

如果想恢复我们的呼吸、能量和生命力量，为任何即兴的相遇做好热身，那么请练习以下这些简单动作。

首先，深深地、均匀地呼吸。吸气几秒，然后再呼气几秒。专注于你正在做的事情，当你吸气的时候数到 2 或 3，呼气时也数到 2 或 3。重复这种模式，直到你感觉放松。

其次，进行"身体扫描"练习，有意识地放松身体各个部位，从脚趾开始，然后是脚、膝盖、大腿、胃、心脏、肺、颈部和头部。这个练习会使你平静下来，你的身体会向大脑发出身体处于平静状态的信号。如果在听别人讲话时这样做，你在讲话的时候就不太可能会紧张，声音不会发抖，手也不会颤抖。

最后，通过想象一种愉快的气味来放松。可以想象一枝自己最喜欢的、有强烈香气的花就在你面前。每次呼吸都尽可能地吸入香味，然后沉浸其中并充分欣赏它。现在注意一下这个练习如何加深了你的呼吸，体会你的感觉如何轻松，以及是否准备好了讲话。

如果在讲话之前没有时间做这些练习怎么办呢？假如你正在开会，突然有一个问题向你抛来。在回答之前，停顿一下，深吸一口气。这一口气会给大脑发送一个平静的信号。你会听起来（而且确实是）更加专注。有力量的讲话需要稳定可靠的呼吸供给。当呼吸击打声带并使它振动时，就会产生一种强大而自信的声音。

使声音低沉

压低你的声音会使它更深沉、更有力、更可信。在指导领导者时，我经常会收到一些高管的请求，他们要求我指导他们的下属增强声音的力量。我指导过一位副总裁，她的老板对我说的第一件事就是："罗莎娜需要更加庄重。她经常与客户会面，需要说服客户向我们投资。这种情况，她讲话必须听起来更可信。"我听了听罗莎娜讲话，她的音调太高，使她的声音听起来比她本人更年轻和幼稚。"庄重（gravitas）"的字面意思是"接近地面"。言行庄重的人更为严肃，因为他们讲话有分量和内容。他们的声音支持他们的想法。而男性说话的声音比女性更容易低沉，甚至有些男性由于声音低沉而获益。

进行一项练习。尝试用你平常的声音讲一小段话。现在尝试用更深沉的声音来讲这段话。有没有感觉到什么差异？当你的声音更低沉的时候，是不是听起来更可信、更有思想、更有洞察力？

练习这个技巧，想一想"庄重"和"重力"之间的联系。想象你的声音被重力拖下来。女演员劳伦·白考尔（Lauren Bacall）在电影导演霍华德·霍克斯（Howard Hawks）的建议下降低了她讲话的声调。随着时间推移，白考尔将自己的声音提升到这种水平——"当人们非常脆弱的时候，她的话让自己感到强大的力量"。[146] 为什么庄重在即兴时刻如此重要？当我们紧张或惊讶，或者仓促地说话时（就像经常在即兴时刻发生的那样），我们的音调在上升，所以"庄重"对于这个问题是一种完美解药。

保持讲话低沉直到讲完最后一句话。有些人在讲话接近结尾时会抬高音调，这种模式叫作"尾音升调"（upspeak），就像他们在提问而不是讲话。无论你的语言多么出色，如果你使用这种发声法，就好像在质疑自己的观点，而这会削弱你讲话的力量，听起来像是在向听众和你自己说，"是这样吗""都正确吗"。

合适的音量

找一个既不太响也不太弱的音量，但有力而自信。如果你的声音轻飘飘的，人们会不愿意听，你的讲话会听起来感觉不确定。同样，如果你声音太大或者太咄咄逼人，你会得罪别人。

了解每种情况很重要，因为每种情况下我们应该使用的音量并不相同。

- 如果你在开会，你的目标是坐得离你最远的人能够听到。
- 如果在电梯里，你正在和旁边的某个人说话，那么你的目标应该是只让那个人听到，而不是让大家都听到。

- 如果在开电话会议，你的声音则代表了你整个人。你的声音应该有力并有吸引力。我鼓励人们在开电话会议时站着说话，这样声音会更有力量。

- 如果你在餐厅排队时和一位同事说话，声音要比餐厅的喧闹声高，或者保持安静，直到你们坐下再交谈。

- 如果正在参加社交活动，看到一位客户穿过房间，不要大声喊，而要走过去，一对一交谈。

- 如果你和很多高嗓门的人一起开会，那么你也需要把音量调高，这样你讲话才能被听到。但是如果开会的人声音都比较柔和，那么你应当把自己的声音也调低一些。总之，要为每个情况找到适当的、有力且自信的音量。

温和、承诺的语气

如果你想在即兴时刻展现领导力，就要采取温和、承诺的语气，这样才能激发自信。让你的声音富有表现力，展示你关心所讲到的问题，关心正在听你讲话的人。

对某些人来说，声音富有表现力并不容易。我曾经和一位讲话语气平淡的客户合作。我们利用他的语音邮箱进行角色扮演，以帮他找到更温暖的语气。他用语音邮箱记录了以下信息："嗨，这是安东尼·艾伯特，请留下您的姓名、电话号码和电话时间，我会尽快给您回复。"我告诉他，这样的话感觉没有什么热情。他就又试了一次，补充说："祝您有个美好的一天。"但他的语气仍然令人感觉冷漠。我建议："我们再试一次，当你说话的时候，想象一个具体的人可能会给你回电话，某个你喜欢的人。"他问："那我女朋友怎么样？"结果他最后一次的尝试更温暖，也更吸引人。他找到了自己的"情感中心"。我们不仅要为我们的家人和朋友，也要为我们的业务伙伴找到自己的"情感中心"。

在即兴对话中隐藏自己的感觉以及隐藏自己会削弱影响力。人们希望你"真实"，如果你不真实，那么你的话将是空话。找到表达你感受的方式，温暖、亲切的语气才能与听众建立关系。

注意不要让人听起来感觉争强好胜或被强迫。正如克里斯·安德森（Chris Anderson）在他的著作《演讲的力量》（*TED Talks*）中所写的：根据阿尔伯特·梅拉宾（Albert Mehrabian）教授的研究，在情感交流时，观众对演讲者语气的反应甚至比对讲话内容的反应还要多。[147]如果你说"我喜欢你的观点"，但你的语气敌对或即使中立，你的观众都会认为你持有否定态度。如果你对着他人怒吼，观众会更加不喜欢你，也不会听你讲话。讲话一定要听起来积极正面、支持他人，保持一种温暖、接纳的语调。

此外，要表现对所讲观点的投入，可以通过激情来展现，还要显示出对自己所讲内容很感兴趣。其他人会"听"到这种信念，从而更有可能接受你的观点。对潜在客户，你可以说："我们 Albacore 集团非常享受与你们的这次对话。我们相信公司可以满足您的需求。我们将珍视与您合作的机会。"

"享受""相信"和"珍视"这些词具有表现力,在讲话中要强调这些词。如果我们把语言看作一个景观,你要决定把哪些词带到前景,而将哪些词放到背景中去。

正确的节奏

讲话节奏应当比思维速度慢一些。当我们即兴讲话时,经常会有大量的观点、文字、想法和情绪冒出来。因此,我们经常以非常快的速度喷发出语言,说话的速度远比我们思考的速度要快,听众根本来不及吸收。下面的例子是一个问答采访环节,显示了当人的讲话速度比思维速度还要快的时候会发生什么。

采访者:您带领这家机构度过了一段非常有挑战的时期。您是否已经克服了去年产品缺陷造成的问题?

执行官:这个问题问得很好,我可以告诉你,嗯,这个情况已经引起了很多人的关注,哦,当大家尽了百分之百的努力之后,我们公司得以继续向前发展。我不需要告诉你们说我们把客户放在首位,这对我们来说意味着进步。我这么说并不容易,我们也不知道这会给我们带来什么,但我认为这是一种进步，我们确实希望对此保持开放和坦率的态度。

这位执行官的回答是大杂烩，他说得太快，超出了他思维的速度。他使用赘词的目的就是赢得一些时间，这些赘词包括"这个问题问得很好""嗯""哦""当大家尽了百分之百的努力之后""我不需要告诉你们说""我这么说"。他还在没有什么特殊目的时重复使用相同的词（执行官说了两次"进步"）。他的想法是分散的（"进步""把客户放在首位""开放"）。因为他速度太快，所以整个讲话没有什么清晰性可言。

以下是寻找正确节奏的建议。

首先，在句子之间停顿。这将为我们留出一些时间准备下一个观点，它还有助于听众吸收刚才的讲话。通常句子之间的停顿大约两秒，但如果刚刚讲的是一个重要见解，那就需要给听众更多的时间来消化吸收。或者，我们需要更多时间来集中思考下一个想法，也可以停顿时间稍长。完全没必要担心停顿时间过长让听众认为自己思维缓慢。事实恰恰相反，那些在想法之间停顿的发言者听起来更自信、更有思想，就好像他们在分享一些真正来自他们内心深处的东西。

其次，以放松的速度传达想法。这样我们就能够消除赘词、重复词和冗长句，就能够更成功地构建我们的想法。我们说的每句话都应该有一个清晰的观点，如果说得慢一点，就能够更有效地形成观点。所以，要慢慢地说，说话的速度和思考的速度应当一致。

最后，在领导者讲话脚本的四个部分之间停顿。这些停顿对听众来说是一种信号，表明你正从抓手移到要点、移到结构体，最后到呼吁行动。这些停顿也会让你有时间思考这些部分。

我们的声音拥有非凡的力量。一项研究显示，当参与者以口头方式表达自己的观点时，他们被认为"具有更大的智慧"（更理性、更深思熟虑、更聪明），他们也被认为更招人喜欢和更具吸引力。正如研究报告作者所解释的："几乎不用经过大脑思考，你就能自然地通过音量、音调、节奏和音高等细微的调节使听众感受到你的想法。"[148] 所以我们的声音清楚地显示着音量，应当花点时间找到一种能够触及、吸引和激励他人的声音。

第 24 章

掌握肢体语言

我指导过一位很机灵的年轻财务官，他的工作涉及与潜在投资者沟通。身材高大的他，很有魅力，有一种热情、迷人的态度，所以我认为他会给人留下一种"高管的印象"。但在我们第一次辅导课上，当我打开摄像机，让他假装正在和一位潜在客户交谈时，他展示了他从来不想向客户展示的肢体语言：他紧张地拉着头发，把身体重心从一只脚转移到另一只脚，偶尔把手伸进口袋里，口袋里的硬币叮当作响。他的精神太紧张。当我重播录像时，他感到很震惊。我们一起探讨如何传达一种更自信的肢体语言，后来他成为一位出色的演讲者。

在所有情况下，展现肢体语言都很重要，特别是在没有讲台或幻灯片无法隐藏自己的即兴交流中。精彩的肢体语言会是引领当下的有力优势。它吸引听众，并鼓励他们参与我们的想法。它强化了我们的讲话内容和语言所显示的激情。它传达了我们的开放、温暖和关注他人等重要信息。通过练习，我们可以训练自己以一种激励他人的方式存在。

坐立笔直

我们的坐姿和站姿非常重要。埃米·卡迪（Amy Cuddy）在 TED 演讲和她的书《姿势决定你是谁》（Presence）中谈到为什么姿势对于演讲者来说至关重要。卡迪解释说，人类和其他动物一样，当我们长期拥有权力并且当下感觉到权力的时候，我们就会让自己显得很"大"。另一方面，当我们感到无力时，恰恰相反，我们沉默不语、把自己包裹起来，让自己变"小"。[149]

我们的日常互动也证明了这些观察。在会议上没有参与感，或者认为自己几乎没什么补充意见的人，经常会表现出懒散的样子或交叉手臂的姿势。那些想表达观点的人则会坐得笔直并张开双臂。以下是改变姿势以显示力量和领导力的建议。

- 尽可能站直或坐直。
- 把头高高抬起，下巴收起。
- 保持肩膀平直，不要驼背或松懈。
- 双臂张开，在身体两侧保持自然放松，随时可以打手势。
- 双腿不交叉，并牢牢站立。
- 保持不动——要放松，而不是像石头一样僵硬。

还要注意，你的肢体语言应展示出欢迎而不是让人害怕。我们都见过有人靠在椅子上伸出手臂，甚至伸出手臂搭在旁边人的椅子上占用了别人的空间，有时候身体靠在椅背上似乎游离在整个对话之外，这都是不尊重别人的表现。在一对一的对话中，控制别人的主导性姿态也是一个问题。假设你是一名经理，你来到一名员工的办公桌前，用手撑着俯身趴在桌上，那么你的姿势会让人害怕。由于你的姿势，下属无法与你分享任何想法或谈论任何问题。

你也一定不想表现出顺从的姿势。有些人由于习惯、社交或不安全因素，他们把自己变得很"小"，只坐椅子的一部分、弓背、低头、双腿交叉。这种姿势无法让他们有力量。这使他们显得无足轻重，这种肢体语言表示他们对自己讲的话没有信心。

作为领导者，无论坐着还是站着，都必须表现出有力、自信的姿态。所以，占据你应有的位置，拥有你应有的空间。

开放性的手势

接下来，确保你的手势传达领导力。这里的关键是"开放性"的手势。它们不仅增加了你讲话内容的力量，而且还表明你正在倾听并且很容易接近。它们表示你是值得信赖的，没有什么可隐藏的。你的手臂会说话！为了展现开放性，你需要：

- 切勿交叉双臂，否则像是在防守或封闭；

- 整个手臂伸向观众；

- 避免上臂贴着身体，下臂晃悠，手臂贴住身体，像"鱼鳍"一样；

- 避免腕部过于频繁地打手势、动作太快；

- 保持双手张开，不要把双手握在一起，不要双手交叠，也不要把它们压在桌子上。

开放性的肢体语言非常重要。想象一下假如老板双臂交叉着站在员工面前，要求团队提出新想法，她嘴里说"你的想法是什么"，但肢体语言却在说"我不接受你们的想法"。或者假设你在电梯里，老板走了进来，你立即双臂交叉放在胸前，显得你是在防备而且还有点害怕。手臂交叉意味着"盔甲"，保护自己免受周围人的伤害。

开放性的手势应根据讲话内容和观众的规模调整。想法越大，观众越多，你的手势就应当越开放。在有 10 ~ 12 位员工参加的会议中，幅度较大的手势（沙滩球的尺寸）会更有效，幅度小的手势会让会场在座的人感觉不到。在一对一会谈中，较小的手势通常更合适。但是，如果你是在讲述一个关键点，或者是在展示你对某个想法的热情，那么可以使用幅度大的手势。

开放性的手势也依据你个性和目标的不同而有细微差别。如果你想为观众留下自信的专业人士的印象，例如在面试时，你的手势应该让人感觉温暖但坚定和权威，显示强有力的领导素质。如果你想留下的印象是大胆的思想家，那么你的手势应当幅度更大，像理查德·布兰森、埃隆·马斯克和杰夫·贝佐斯这样的企业家，他们往往会有兴奋、大胆的动作，显示他们活泼的个性。如果你想在非正式场合与周围的人建立融洽的关系，就可以放轻松，用更加个性化的手势向周围的人伸出手，或用点头表示同意，在极少数情况下还可以用肢体接触表达同意。

避免以下传达负面信息的手势。

- 攻击性的手势（拳头、伸出的手指尖或举起的手）。
- 紧张的手势（搓手、把硬币碰得叮当作响或坐立不安）。
- 减弱自我的手势（用手遮掩面部、遮住嘴巴或自我保护式地抓着脖子）。
- 梳理手势（抚摸或甩头发、触摸或抚摸自己的脸）。

手势是与观众建立关系的有效方式。手势会自己说话，并告诉他人你想要与他们联结。在每一次即兴时刻，想想手势如何才能最好地为你服务。

眼睛的力量

目光接触是另一种强大的肢体语言。人类的身体感受器有 70%

存在于眼睛中。眼睛接收到的信息是其他所有感官接收到的信息总和的两倍多。[150] 我们的眼睛还告诉观众关于我们自己的很多信息。如果用强烈、炽热的眼神与观众进行目光接触，他们就更可能感觉我们平易近人、可爱、可靠和可信。而且，根据英国伍尔弗汉普顿大学（University of Wolverhampton）和英国斯特林大学（University of Stirling）的联合研究，目光接触会使观众记住更多我们的讲话内容。[151]

正确的做法可以使即兴交流变得不同。以下是如何使用你的眼睛来增强沟通效果。

首先，用眼睛来研究观众，无论听众是一个人还是多个人，确保你的讲话要点被接受。如果你的观众看起来分心了，那可能意味着你讲得太快或太慢，需要调整节奏。这也可能意味着你没有正确理解信息，应接受这些反馈，然后及时调整。你可以说"想让我再说一遍吗"，或者你只是用不同的语言来重述你的观点。这就是最好的即兴交流。

其次，当你在讲每个要点的时候一定要看着观众。当然没有必要所有时间都看着对方，没有人喜欢被一直盯着看。事实上，在即兴演讲中，当我们的大脑在搜寻观点时，我们的眼睛往往向下看或看着别处，一旦思考结束，眼睛就应该回到观众身上并与他们保持眼神交流。

当你看着他们的时候，默默地问自己："你们明白了吗？"当然，听众不会听到这些话，但你的目光和你的意图（你刚才所说的"明白")会让他们产生这种想法,让他们更难忘记你讲的话。这与高尔夫挥杆很相似,一名高尔夫球手必须持续挥杆经过肩膀,否则球将不能沿正确的方向前进。同样的道理,如果你想让观众接受你讲话中的每一个观点,那么你也需要坚持到底。

再次,用眼睛来"控制会场"。很多人在与多人交谈时眼睛会瞟向会场其他地方,而不是某个人。我们的眼睛经常会看天花板、墙壁、桌子,甚至有人正好走进来,我们就看着门。眼睛的这种"漫步"会使我们中断与观众的联结。保持联结的秘诀在于和听众保持一对一的目光接触。即使会场有 15 个人,我们用眼神接触的时候尽量每次只集中在一个人身上。当提出一个想法时,可以选择一个正在看着你的人,与其进行目光接触。讲下一个想法时,眼神接触另一个人。接着讲的时候,继续用一对一的眼神接触每个观众,或至少尽可能多地接触更多的观众。这种个人之间的联结将帮助你控制整个会场。

最后,用眼睛表明你在听别人说话。我们的目光会显示我们在关注、参与、回应。所以,不管你是在走廊里一对一谈话,还是在与 10 个人会面,都要把注意力集中在讲话者身上,明确表示你对这个人的讲话感兴趣。这样你会被认为善于倾听,而你也确实会成为一个优秀的倾听者。

目光接触即使不是最强大的肢体语言,也是非常强大的肢体语言。它可以帮助你与每个人建立牢固的联系。记住,"眼睛里有力量"!要善用眼睛。

展现你最美的笑容

首先，即兴领导力关键的要素之一是你的面部表情。以下是需要记住的一些原则。

如果你想说服或激励他人，要以热情、平等和能产生共鸣的态度开始讲话。如果你看起来对大家漠不关心，那么也没有人会跟随你。这种对他人的热情不是想"穿"就能"穿"上身的，它是一种真实的感受，它反映在你的笑容里。这种笑容不是那种挂在脸上的大大的、很开心的笑，而是一种源自你内心的微笑。我喜欢将其描述为一种发自内心的微笑，它会让观众对你感觉很好，你的表现让人感觉温暖，也让你能够全方位地呈现你自己。

其次，要确保面部表情反映你讲话的内容。大家都见过有些人在会议中或某位电视主持人在讲负面或中性内容时，依然保持着微笑。例如，想象一位经理以一种高兴的语气对同事说："我们没有达到季度销售目标。"显然，这个面部表情是想隐藏事实，或者讲话的人更专注于保持快乐而不是传递现实的信息。我们不要有这样不符合讲话内容的表情。

最后，确保你的面部无遮挡，让观众随时能看到你。

- 不要让头发垂在面部。
- 不要触碰或揉搓面部。

- 不要把手放在脸上。

- 不要把脸从观众面前扭向别处。

- 自己说话时不要面部朝下。

- 别人说话时面部不要转动或朝下。

　　肢体语言本身就是一种语言，一种能够和你的讲话一同表达感受和意图的语言。按照本章建议，讲话时确保你的姿态、手势、眼神和面部表情都能够支持和加强你的领导力。

别害怕，准备好

有两种类型的发言者：紧张的和说谎的。

——马克·吐温

当我告诉别人我写了一本关于即兴演讲的作品时，最常见的回答是"我想看这本书。我在即兴讲话时真的很害怕"。

为什么"即兴"如此可怕？

部分原因是对未知的恐惧。一听到"即兴"这个词，意味着任何人在任何时间都可以向我们抛出任何东西，你会恐惧。"即兴"把我们带出了舒适区。我们感觉失去了控制，而人类喜欢控制感。我们害怕张开嘴巴却无话可说，什么也说不出来，或者说出的话没有丝毫意义。我们害怕被别人评价，担心别人会用异样的眼光看待我们。一位客户告诉我们，当她向高管作报告时，她的大脑像是被冻结了，她害怕被上司批评，结果精神上先退缩了。大脑冻结或是相反的喋喋不休、前后矛盾的现象在任何会议、走廊交谈或事关重大的面试等情况下都可能发生，结果可能是深深的失望。谁没有在即兴讲话之后懊悔地说"我为什么这么说"或者"为什么我不这么说"的经历？

即使是经验最为丰富的高管也会在即兴演讲时紧张地打战。我们公司培训的一位副总裁透露说："我最想克服的挑战是能够在 250 位副总裁和公司 CEO 的会议上，站起来说'我有个想法'，或者说'这是我对这个问题的看法'。"他说，他想克服那最初的恐惧，"一旦站起来我就会发挥很好，因为我知道自己要说什么。但是站起来以及被众人注视、站在台上的那种感觉太让人焦虑，所以我倾向于不主动站起来讲话。"

正如本书所示，发展这些技能需要为即兴时刻做准备。充分的准备将确保你无论在什么情况下，都能有信心、专注、说话在"点"上，并鼓舞人心。这种能力是领导力的核心。

准备，准备，再准备

我向你号召的行动是：想方设法地尽力准备，从而提高你即兴时刻的表现。这一要点已经被无数领导者内化和证实。我想给读者留下以下"待办事项"清单，这样你也可以成为出色的即兴领导者，激励你的团队、客户、主管和所有听到你讲话的人，无论是在走廊、会议室还是在日常生活中。

首先，培养领导者思维。从现在开始培养自己，将即兴时刻转变为领导力时刻。可以问自己，"我是否想要领导别人，我该如何选择我最好的领导力时刻""我是一个很好的倾听者吗""我怎么能变得更真实""当我和人交谈时，我的思想是否集中""我是否尊重我的老板、同事和公司"。这些问题形成了一个有价值的清单，如果你想让听众知道你是一个有爱心和有说服力的领导者，那么就应该培养这些品质。

其次，内化领导者讲话脚本模板。如果你掌握了这个模板及其组成部分，那么在任何即兴场景下，你都会有坚实的基础来组织你的思维。当然，这也有助于你了解讲话主题并利用一些关键信息。将领导者讲话脚本的四个部分（即抓手、要点、结构体和呼吁行动）内化非常重要。无论你有一个星期、一小时，还是很短的时间来创建即兴讲话，这个模板都将使你能够以清晰的思维应对任何情况。

再次，为每个场合创建即兴讲话脚本。一旦知道自己将"上场"，不管是社交活动、求职面试、与老板会谈还是在电梯里谈话，利用任何可以利用的时间创建即兴讲话脚本。这本书为读者提供了即兴讲话脚本示例，这些示例将指导读者为几乎任何场合定制即兴讲话脚本。你越经常使用这些模板，你越能够在只有几秒思考的情况下做好演讲准备。

最后，建立现场领导力。使用本书最后一章讨论的技巧来加强你的临在领导力，这样当你参加重要访谈、社交活动或问答时，会展示出力量和信心。寻找一切时间进行排练，注意所使用的词语。掌握即兴表演技巧使你可以保持在当下，并知道如何使用你的声音和肢体语言来表现领导力。

适应性无意识的帮助

你可能会问自己："当讲话时间到了，我在现场把这一切都组合在一起，我能做到吗？"眨眼之间？这听起来太难了吧！

好消息是，在即兴演讲时，我们不必有意识地做到本书讨论的所有内容。正如马尔科姆·格拉德威尔（Malcolm Gladwell）在《眨眼之间：不假思索的决断力》（*Blink: The Power of Thinking Without Thinking*）中告诉我们的那样，"我们不会有意识地去做这些瞬间决定，这些决定是无意识的"。他写道："像这样大脑一下子得出结论被称为适应性无意识……就像一种巨大的计算机，它能快速、安静地处理我们需要的大量数据，以保持我们作为人的功能。"[152] 格拉德威尔解释说，这种适应性无意识负责快速决策，就像急诊室医生瞬间做出的医疗处置、即兴演员瞬间决定的下一句台词、职业篮球运动员在瞬间投出令人难以置信的三分球。在即兴演讲前稍作停顿，我们同样可以"不用思考而思考"来实现瞬间决策。

即兴表演、即兴音乐与即兴演讲有极其相似之处。格拉德威尔解释说："即兴表演不是随机或混乱的。事实上，即兴表演是一种受到一系列规则支配的艺术形式，演员们要确保他们上台时每个人都遵守这些规则。"[153] 爵士乐也是如此。正如曾经与节奏布鲁斯（Rhythm and

Blues）大师波·迪德利（Bo Diddley）在一起的斯蒂芬·T. 阿斯玛写到的："在音乐中，与他人即兴创作需要一种由音乐工具和规范组成的语言。"他解释说："即兴创作的能力不仅仅是跟着感觉走，都还建立在学习和实践的基础上，为表演者的即兴行动做好准备。"[154] 即兴演讲需要的训练和卓越的即兴演员、爵士音乐家的训练一样，都建立在一套规则和实践基础上。强调准备是本书的核心思想。准备即兴表演听起来似乎自相矛盾，但这是成为优秀即兴演讲者的唯一方法。

对于有抱负的领导者来说，今天几乎没有什么技能比在即兴时刻精彩地演讲更为重要。高管们发表正式的重要讲话然后下场撤回办公室的日子已经一去不返，与同事、高层管理人员、客户和利益相关者经常性的即兴互动已成为常态。电梯对话可能是界定职业生涯的时刻，信息在实时发生着交换，虽然电子邮件像洪水一般袭来，但面对面交流变得比以往任何时候都更为重要。

即兴演讲的非凡重要性就是我写这本书的原因，以及掌握这项技能对于组织中的每个人都至关重要的原因。

这本书为实现优秀的即兴演讲提供了清晰、一致的方法。运用为每种情形制定的不同原则，把它们内化为即兴演讲策略，拥抱你的工作和个人生活中每天呈现的小舞台。出色的即兴演讲能力是今天每个领导者都必须掌握的关键技能之一。新的领导力时代充满了对话、协作和魅力。

充分利用这些机会吧。

注释

1. 阿尔基达玛（Alcidamas），公元前4世纪早期的修辞学家，他认为即兴创作非常重要。J. V. Muir, ed., *Alcidamas: The Works and Fragments* (London: Bristol Classical Press, 2001), 7.

2. 普华永道在89届奥斯卡颁奖活动中担任了83次计票工作。

3. Johanna Schneller, "oscars' epic Best Picture fail a Hollywood metaphor," February 27, 2017.

4. *La La Land* producer Jordan Horowitz on Oscars best picture mix-up, ABC News, February 27, 2017.

5. Tim Webb, "BP's clumsy response to oil spill threatens to make a bad situation worse," *The Guardian*, June 1, 2010.

6. Online Etymology Dictionary.

7. The Story of Caedmon's Hymn is told by Bede in his *Ecclesiastical History of the English People [Historia ecclesiastica gentis Anglorum]*, Book IV, Chapter xxiv, Cambridge, University Library Kk.5.16, fol.128b.

8. Abraham Lincoln, "Notes for a Law Lecture," as quoted in David Herbert Donald, *Lincoln* (New York: Touchstone, 1995), 98.

9. Donald T. Phillips, *Lincoln on Leadership: Executive Strategies for Tough Times* (New York: Warner Books, 1993), 145.

10. Lord Moran, *Churchill: Taken from the Diaries of Lord Moran* (Boston, 1966), 132. Passage quoted in Kathleen Hall Jamieson, *Eloquence in an Electronic Age* (New York: Oxford University Press, 1988), 4.

11. Pastor Terrell Harris, "The Preaching of Martin Luther King Jr.," The Opened Box, January 20, 2014.

12. Clayborne Carson, ed., *The Autobiography of Martin Luther King, Jr.* (New York: Warner Books, 1998), 223.

13. Richard Branson, "How to overcome public speaking nerves," Virgin.com.

14. Carmine Gallo, "Branson, Buffett Agree: This Skill Is Your Ticket to Career Success," forbes.com, Feb. 18, 2016.

15. Elon Musk, in an interview at Silicon Valley's Churchill Club, quoted by Carmine Gallo in "Richard Branson: 'Communication Is the Most Important Skill Any Leader Can Possess.'" Forbes.com, July 7, 2015.

16. Carmine Gallo, "Branson, Buffett Agree: This Skill Is Your Ticket to Career Success," Ibid.

17. The 2017 Berkshire Hathaway Annual Shareholders Meeting, Omaha, Nebraska, broadcast by Yahoo!Finance, May 6, 2017.

18. 英文字母C代表chief，也就是中文中的首席××官。

19. 纳尔逊·洛克菲勒（Nelson Rockefeller，1908—1979年），美国商人、政治家，曾任美国副总统。

20. Elon Musk, tweet, April 6, 2016.

21. Vivian Giang, "What Kind of Leadership Is Needed in Flat Hierarchies?" *Fast Company*, May 19, 2015

22. Deborah Ancona and Henrik Bresman, *X-Teams: How to Build Teams That Lead, Innovate, and Succeed* (Boston: Harvard Business School Press, 2007), 9.

23. Ibid., 42.

24. Rick Levine, Christopher Locke, Doc Searls, and David Weinberger, *The Cluetrain Manifesto* (New York: Basic Books, 2009), xvii.

25. Greene quoted in Harry McCracken, "At Our Scale, It's Important to Focus," *Fast Company*, December 2016/January 2017, 103.

26. Thomas Petzinger, Jr., Foreword, *The Cluetrain Manifesto*, xi.

27. Joseph McCormack, *Brief* (Hoboken, New Jersey: John Wiley & Sons, 2014), 16.

28. Rachel Emma Silverman, "Where's the Boss? Trapped in a Meeting," *Wall Street Journal*, February 14, 2012.

29. Gloria Mark, Victor M. Gonzalez, and Justin Harris, "No Task Left Behind? Examining the Nature of Fragmented Work".

30. Seth Stevenson, "The Boss with No Office," *Slate*, May 4, 2014.

31. Alex Bozikovic, "FACEBOOK, U.S.A.," *The Globe and Mail*, June 22, 2016, for "building as village" concept. See also Adam Lashinsky, Mark Zuckerberg, *Fortune*, December 1, 2016, 70 for description of "glass walls" that surround Zuckerberg's office.

32. Om Malik, "Jennifer Magnolfi".

33. 市政厅讲话（town hall meeting），在西方国家，当地政府或国家官员在市政厅会见选民并听取意见，这已成为一种传统。不过，会见的地点还有可能是学校、图书馆和教堂等场所。市政厅讲话也可用来指企业的正式会议。

34. Conor Dougherty, "Innovator in Chief," *New York Times*, January 24, 2016, Sunday Business, 1, 4.

35. Joseph McCormack, *Brief* (Hoboken, New Jersey: John Wiley & Sons, 2014), 19.

36. Interview with Boris Groysberg and Michael Slind, "How Effective Leaders Talk (and Listen)," *HBR IdeaCast*, July 5, 2012

37. Adam Lashinsky, "Zuckerberg," *Fortune*, December 1, 2016, 70–71.

38. Ibid., 70.

39. Harry McCracken, "At Our Scale, It's Important to Focus," *Fast Company*, December 2016/January 2017, 72.

40. Jeff Immelt, "Why GE Is Giving up Employee Ratings, Abandoning Annual Reviews and Rethinking the Role of HQ," LinkedIn, August 4, 2016.

41. Rick Levine, Christopher Locke, Doc Searls, and David Weinberger, *The Cluetrain Manifesto* (New York: Basic Books, 2009), 1.

42. Patrick Lencioni, *The Advantage* (San Francisco: Jossey-Bass, 2012), 147.

43. Theodore Sorensen, *Kennedy* (New York: Bantam Books, 1966), 200.

44. John Birmingham, "Unscripted: 21 Ad-Libs that Became Classic Movie Lines," April 19, 2017.

45. William von Hippel, Richard Ronay, Ernest Baker, Kathleen Kjelsaas, and Sean C. Murphy, "Quick Thinkers Are Smooth Talkers," *Psychological Science*, November 30, 2015.

46. Julie Beck, "Quick Thinkers Seem Charismatic, Even If They're Not That Smart," *The Atlantic*, December 4, 2015. Author draws upon the study by William von Hippel et al. (见注释45).

47. 具身系统 (embodied system) ，具身系统以具身认知 (embodied cognition) 理论为基础。具身认知是心理学中一个新兴的研究领域，该理论认为生理体验与心理状态之间有强烈的联系，即行为会强化态度、左右情绪。

48. Stephen T. Asma, "Was Bo Diddley a Buddha?" *New York Times*, April 10, 2017.

49. Daniel Ford, "Gallup: 70 Percent of U.S. Workers Are Disengaged," *Associations Now*, June 13, 2013.

50. Walter Isaacson, *Steve Jobs* (New York: Simon & Schuster, 2011), 38, 561, 564.

51. James Covert and Claire Atkinson, "'No layoffs … this week': Marissa Mayer's creepy comment kills morale," *New York Post*, January 18, 2016.

52. Patrick Lencioni, *The Advantage* (San Francisco: Jossey-Bass, 2012), 149.

53. 引自相关报道。

54. Conor Friedersdorf, "The Gettysburg Address at 150—and Lincoln's Impromptu Words the Night Before," *The Atlantic*, November 19, 2013.

55. Ahiza Garcia, "Carrier workers' rage over move to Mexico caught on video," CNN Money, February 19, 2016.

56. Rosabeth Moss Kanter, *Evolve!* (Boston: Harvard Business School Press, 2001), p. 7.

57. 爱比克泰德 (约55—约135年) 是古罗马的斯多葛派哲学家。他曾为奴隶，后师从斯多葛派哲学家鲁佛斯，并获自由。此后在罗马教学，建立了自己的斯多葛学园。后来被罗马皇帝驱逐，移居至希腊尼科波里斯，以讲学终其一生。

58. Om Malik, "Jennifer Magnolfi".

59. Seth Stevenson, "The Boss with No Office," *Slate*, May 4, 2014.

60. Joseph McCormack, *Brief* (Hoboken, New Jersey: John Wiley & Sons, 2014), 19.

61. McKinsey Global Institute, "The Social Economy: Unlocking Value and Productivity through Social Technologies," cited in Jena McGregor, "How much time you really spend emailing at work," *Washington Post*, July 31, 2012.

62. Aaron Smith, "Americans and Text Messaging," September 19, 2011, Pew Research Center.

63. Maria Gonzalez, *Mindful Leadership* (Mississauga, Ontario: Jossey-Bass, 2012), 31.

64. Ibid., 127.

65. Richard Branson, interview with Chase Jarvis "Creative Live," May 10, 2016.

66. Cindi May, "A Learning Secret: Don't Take Notes with a Laptop," *Scientific American*, June 3, 2014.

67. Natalie Baker, "Your employees wish you were emotionally intelligent," *The Economist*, April 5, 2016.

68. Dr. Seuss, *Seuss-isms: Wise and Witty Prescriptions for Living from the Good Doctor* (New York: Random House, 1997).

69. James M. Kouzes and Barry Z. Posner, *Credibility: How Leaders Gain and Lose It, Why People Demand It* (San Francisco: Jossey-Bass, 2011), xi.

70. Adam Grant, "Unless You're Oprah, 'Be Yourself' Is Terrible Advice," *New York Times*, Sunday Review, June 4, 2016.

71. Online Etymology Dictionary.

72. Rob Goffee and Gareth Jones, *Why Should Anyone Be Led By You?* (Boston: Harvard Business Review Press, 2015), x.

73. Elon Musk, interview at D11 Conference, May 29, 2013.

74. Simon Sinek, *Start with Why* (New York: Penguin Group, 2009), 133.

75. Rosabeth Moss Kanter, *Evolve!* (Boston: Harvard University Press, 2001), 267.

76. Walter Isaacson, *Steve Jobs* (New York: Simon & Schuster, 2011), 565.

77. Patrick Lencioni, *The Advantage* (San Francisco: Jossey-Bass, 2012), 27.

78. Marla Tabaka, "Four Success Lessons From Amazon's Jeff Bezos," Inc.com,

August 18, 2015.

79. Eugene Kim, "How the CEO of this \$2.5 billion tech company hires without asking many questions," *Business Insider*, April 23, 2016.

80. Jack Dorsey, interview at Oxford Union Society, April 8, 2015 .

81. Warren Bennis, *On Becoming a Leader* (New York: Basic Books, 2009), 45–46.

82. Joseph McCormack, *Brief* (Hoboken, New Jersey: John Wiley & Sons, 2014), 16.

83. Rick Stengel, managing editor, *Time*, interview with Mark Zuckerberg; time. com/video.

84. "Attention Span Statistics," National Center for Biotechnology Information, July 2, 2016.

85. Christopher Hooton, *Independent*, "Our Attention Span Is Now Less Than That of a Goldfish, Microsoft Study Finds," May 13, 2015.

86. Mark Goulston, "How to Know If You Talk Too Much," *Harvard Business Review*, June 3, 2015.

87. 这个例子被稍微改动过，所以不确定是哪位 CEO。

88. Theodore Sorensen, *Kennedy* (New York: Bantam Books, 1966), 365.

89. Churchill quoted in *Manner of Speaking*, "Quotes for Public Speakers" (No. 112).

90. "Daniel Craig quits as James Bond for US series," *Bang Showbiz*, February 16, 2016.

91. James Kouzes and Barry Posner, *Credibility* (San Francisco: John Wiley & Sons, 2011), 92.

92. Ben Widdicombe, "What Happens When Millennials Run the Workplace?" *New York Times*, March 19, 2016.

93. For nineteenth-century use of paper cuffs to write on, see *Early Sports and Pop Culture Blog*, "Paper Linen and Crib Notes—A Well-Planned History of 'Off the Cuff,'" February 20, 2015.

94. "Demosthenes: Introduction to Demosthenes."

即兴演讲

95. "Three Weeks to Prepare a Good Impromptu Speech."

96. James C. Humes, *Speak Like Churchill, Stand Like Lincoln* (New York: Three Rivers Press, 2002), 26.

97. James C. Humes, *Sir Winston Method* (New York: William, 1991), 169–170.

98. Carmine Gallo, *The Presentation Secrets of Steve Jobs* (New York: McGraw-Hill, 2010), 199.

99. 克林特·伊斯特伍德(Clint Eastwood)是著名演员，曾主演电影《廊桥遗梦》。

100. Jillian Rayfield, "Eastwood explains why he spoke to the chair," According to an article published in *The Washington Post*, written by Travis M. Andrews, August 4, 2016, 伊斯特伍德收回了他2012年的解释，并对"在共和党全国代表大会上和主席谈话"的蠢事表示后悔。

101. Kathleen Hall Jamieson, *Eloquence in an Electronic Age* (New York: Oxford University Press, 1988), 232.

102. Adam Lashinsky, "Facebook CEO Mark Zuckerberg," *Fortune*, December 1, 2016, 71.

103. Zuckerberg quotations are from a variety of sources. The first is from an interview with Sam Altman, "How to Build the Future," August 16, 2016, The second, third, and fourth are from Zuckerberg's F8 2016 keynote presentation, The last is from a 2010 interview with Rick Stengel, *Time*.

104. Adam Lashinsky, "Facebook CEO Mark Zuckerberg," *Fortune*, December 1, 2016, 70–71.

105. Candace West, "Against Our Will: Male Interruptions of Females in Cross-Sex Conversations," *Annals of the New York Academy of Sciences* 327 (June 1979), 81–96. Men interrupted women 75 percent of the time in cross-sex conversations.

106. J. V. Muir, ed., *Alcidamas: The Works & Fragments* (London: Bristol Classical Press, 2001), 7.

107. H. L. Hudson-Williams, *Greece & Rome*, Vol. 18, No. 52 (Cambridge University Press, Jan. 1949), 30.

108. Michael de Brauw, "The Parts of the Speech," in *A Companion to Greek Rhetoric*, ed., Ian Worthington (Malden, Massachusetts: Blackwell Publishing, 2007), 187–199.

109. "Richard Branson on the Art of Public Speaking," *Entrepreneur*, February 16, 2013.

110. Cartoon by Mike Baldwin, for "Cornered," *The Globe and Mail*, May 29, 2017.

111. Rick Tetzeli, "The Real Legacy of Steve Jobs, *Fast Company*, April 2015, 73.

112. Harry McCracken, "At Our Scale, It's Important to Focus," *Fast Company*, December 2016 /January 2017, 72.

113. Marla Tabaka, "Four Success Lessons from Amazon's Jeff Bezos," Inc.com, August 18, 2015. 文章援引了《时代》对贝佐斯的访谈。

114. Tom Quirk, referring to William Dean Howells's "divine ragbag" comment about Twain's approach to composing, in Introduction, *Mark Twain: Tales, Speeches, Essays and Sketches*, ed., Tom Quirk (New York: Penguin Books, 1994), xiii.

115. Duff McDonald, *Last Man Standing: The Ascent of Jamie Dimon and JPMorgan Chase* (New York: Simon & Schuster, 2009), 312.

116. "Meetings in America," A Verizon Conferencing Whitepaper.

117. See several sources: Ray Williams, "Why Meetings Kill Productivity," *Psychology Today*; Bourree Lam, "The Wasted Workday," *The Atlantic*, December 4, 2014; "Meetings in America," A Verizon Conferencing Whitepaper.php #COST.

118. Oriana Bandiera, Luigi Guiso, Andrea Prat, and Raffaella Sadun, "What Do CEOs Do?" Cambridge: Harvard Business School Working Paper 11–081 (2011). Cited in Joseph McCormack, *Brief* (Hoboken, New Jersey: John Wiley & Sons, 2014), 17.

119. H. L. Hudson-Williams, "Impromptu Speaking," *Greece & Rome*, Vol. 18, No. 52 (Cambridge University Press, January, 1949), 28.

120. Larry Tye, *Bobby Kennedy: The Making of a Liberal Icon* (New York: Random House, 2016), 410.

121. William Safire, ed., *Lend Me Your Ears: Great Speeches in History* (New York:

Norton, 1997), 215–216.

122. Jonathan Eig, *Luckiest Man: The Life and Death of Lou Gehrig* (New York: Simon and Schuster, 2005), 316.

123. The Official Website of Lou Gehrig.

124. Eleanor Gehrig and Joseph Durso, *My Luke and I* (New York: Signet, 1976), 173.

125. H. L. Hudson-Williams, "Impromptu Speaking," *Greek & Rome*, Vol. 18, No. 52 (Cambridge University Press, January, 1949), 28.

126. Trey Williams, "Mark Zuckerberg Resolves to Read a Book Every Other Week in 2015," January 5, 2015, Marketwatch.

127. Adam Lashinsky, "Mark Zuckerberg," *Fortune*, December 1, 2016, 70.

128. Matt Levine interview with Brad Katsuyama, "Brad Katsuyama Q&A: 'I Don't Think We Would Have Survived If It Was Just Hype,'" Bloomberg Markets, October 12, 2016.

129. Roy P. Basler, ed., *Collected Works of Abraham Lincoln* (New Brunswick, New Jersey: Rutgers University Press, 1953), Vol. 3, p. 16.

130. Jo Best, "IBM Watson: The Inside Story of How the Jeopardy-Winning Supercomputer Was Born, and What It Wants to Do Next," Techrepublic, n.d.

131. Scott Bromley, "How Scripted Are the Interviews on Late Night Talk Shows?" The Chernin Group.

132. Denzel Washington accepts Cecil B. DeMille Award (2016).

133. Carmine Gallo, "Richard Branson: Communication Is the Most Important Skill Any Leader Can Possess," *Forbes*, July 7, 2015.

134. Robert I. Fitzhenry, ed., *The Fitzhenry & Whiteside Book of Quotations* (Markham, Ontario: Fitzhenry & Whiteside, 1993), 482.

135. Abraham Lincoln, quoted in F. B. Carpenter, *Six Months at the White House with Abraham Lincoln* (1866). Reprinted (Bedford, MA: Applewood Books, 2008), 312.

136. Bart Egnal, *Leading Through Language* (Hoboken, New Jersey: John Wiley & Sons, 2016).

137. Winston Churchill, speech on receiving the *London Times* Literary Award, November 2, 1949, quoted in Richard Langworth, ed., *Churchill by Himself* (New York: Public Affairs, 2011), 61.

138. Howard Schultz, "Smell the Coffee: Starbucks CEO Talks Business," London Business Forum, May 10, 2011.

139. Jessica Shambora, "Amex CEO Ken Chenault: Define Reality and Give Hope," May 12, 2009.

140. Vivian Giang, "Why Top Companies and MBA Programs Are Teaching Improv," *Fast Company*, January 13, 2016.

141. Lisa Evans, "3 Ways Improv Can Improve Your Career," *Fast Company*, January 31, 2014.

142. Mark Tutton, "Why Using Improvisation to Teach Business Skills Is No Joke," CNN.com, February 18, 2010.

143. Edward Zareh, "Follow the Fear: The Influence of Del Close," video.

144. Jeff Bezos, Interview with Henry Blodget, *Business Insider's* Ignition 2014.

145. Diane Ackerman, *A Natural History of the Senses* (New York: Vintage Books, 1991), 6.

146. Blake Green, "That Classic Voice, That Timeless Look," *Toronto Star*, December 19, 1999, D10.

147. Chris Anderson, *TED Talks: The Official TED Guide to Public Speaking* (Toronto: HarperCollins Publishers Ltd, 2016), 19.

148. Juliana Schroeder and Nicholas Epley, "The Science of Sounding Smart," *Harvard Business Review*, October 7, 2015.

149. Amy Cuddy, "Your Body Language Shapes Who You Are," TED Talk, filmed June 2010.

150. Diane Ackerman, *A Natural History of the Senses* (New York: Vintage Books, 1991), 230.

151. A. J. Harbinger, "Seven Things Everyone Should Know about the Power of Eye Contact," *Business Insider*, May 14, 2015.

152. Malcolm Gladwell, *Blink: The Power of Thinking Without Thinking* (New York: Little, Brown and Company), 11.

153. Ibid., 113.

154. Stephen T. Asma, "Was Bo Diddley a Buddha?" *New York Times*, April 10, 2017.

致谢

当我开始写这本书的时候，我不知道整个过程会多么有启发性和挑战性。当我与很多人交流并回顾多年来我与客户的合作时，我意识到即兴演讲这种技能比我之前意识到的更为普遍、更为艰巨，也更为重要。

我很感激这么多人帮助我认识到这本书的必要性，以及它在领导者的人生中所扮演的角色。

我想感谢在过去30年里我指导过的数百位客户。我保留了我们的会谈笔记，那些笔记为这本书提供了丰富的素材。但更重要的是，与这些慷慨、有才华的领导者共事的经历激励我写下了这个主题，这也曾经是我们多次指导会谈的主题。

我也非常感谢在我开始写这本书的时候，那些和我一起坐下来接受我一系列访谈并分享他们想法的人。那些对话振奋人心、非常有价值。他们的智慧、坦率和口才超凡卓越，我感谢阿德奥拉·阿德巴约、艾伦·康韦博士、托妮·费拉里、斯图尔特·福曼、伊恩·戈登、大卫·哈恩、玛丽·亨特、苏珊娜·凯利、菲尔·梅斯曼、格雷斯·帕洛博、尼克·帕洛博、杰伊·罗森茨维格、保罗·瓦利、玛丽·维图格、默里·威格莫尔和山下美和。我还要感谢加拿大驻联合国大使马克－安德烈·布兰查德和 BloombergSen 的 CEO 乔纳森·布隆伯格，感谢他们对本书的宝贵贡献。

汉弗莱集团的成员用他们丰富的经验和背景，鼓励我完成这本书，并提供了洞见使这本书变得更好！我感激巴特·埃格纳尔、罗布·柏格－奥利维尔、詹姆斯·拉姆齐、马戈·古利和埃米莉·赫姆洛。汉弗莱剧团的另一名成员丹·邓沙与安吉拉·加兰奥普鲁共同创作了第 22 章。丹和安吉拉都是温哥华剧院体育联盟的即兴演员，他们在该剧院成立了"商业即兴演讲工作室"，并在即兴喜剧研究所任教。

还有几个人仔细钻研了整个手稿，给我提供了无价的反馈。余芳（Fang Yu 的音译）提供了编辑建议，偶尔会说："这对千禧一代来说行不通。"汉弗莱集团副总裁辛西娅·沃德通读了整篇手稿，并确保它反映了汉弗莱集团的知识产权和声誉。退休后到不列颠哥伦比亚省温哥华海岸鲍文岛生活的史蒂夫·米切尔（Steve Mitchell），离开他的花园和田园般的生活，提供了我曾得到的最好的写作建议。

《快公司》一直是我的好伙伴，本书中的一些材料摘录自我在过去几年里为该出版物撰写的文章。里奇·贝利斯是《快公司》编辑，他鼓励我去探索那些我可能不会写的主题，非常感谢他的创作才华和强力的编辑支持，他还为本书第 14 章提供了素材。

与威立/乔西—巴斯出版社（Wiley/Jossey-Bass）团队一起工作是一种乐趣，他们非常乐于助人。编辑珍妮·雷（Jeanenne Ray）很快接受了我的建议，在我需要的时候给了我两次延期。出版社的编辑、设计、印制和营销团队都非常出色。我衷心地推荐威立，一家生产优质图书产品的出版社。

最后，感谢我的家人。我的大儿子巴特·埃格纳尔现在是汉弗莱集团的CEO，他一直在经营这家公司，而我已经把重点放在了撰写我们的培训内容上。他的思考和他在公司的领导力激励着我。我的小儿子本·埃格纳尔是广告公司艺术总监，他和他的搭档余芳为这本书提供了手绘的书名，[1]并继续用他们的创业精神和设计天赋启发着我。我的丈夫马克·埃格纳尔在这段旅途中一直是位挚爱的伴侣。他阅读了每一章，在某些情况下会读很多次，提供有价值的编辑建议。我很高兴把这本书献给他。还有我不能忘记的希金斯——我们全家心爱的小狗和这本书第一部分创作的源泉，遗憾的是，它已经不再和我们在一起了，但我知道这本书会让它感到骄傲！

一本书是作者的一段旅程，但它也是把人们聚合在一起分享知识、见解和碰撞出合作火花的过程。我非常感谢在这里提到的那些和我一起走过这段旅程的人，他们提高了工作成效，并丰富了这个过程。现在我邀请读者继续这段旅程。

---

[1]　指本书英文原版的封面。——编者注

版权声明